U0057970

張翠娥 ● 吳文鶯　著

作者簡介

張翠娥

學歷 • 中國文化大學兒童福利研究所碩士

• 國立高雄師範大學特教博士

經歷 • 曾任幼兒園老師、所長、教學研究顧問、高職幼保科老師、教育部研究委員會助理研究員、長庚護專幼保科專任講師、國立台北師範學院幼兒教育系、實踐大學生活應用系學前教育組兼任講師、台北縣政府保育人員班講師、兒童雜誌社編輯、華視兒童節目「小朋友」及公共電視「別小看我」編劇等

專任 • 樹德科技大學幼兒保育系所副教授

吳文鶯

學歷 • 中國文化大學家政系畢、美國諾斯樂普大學幼教系碩士、美國舊金山大學公共行政管理碩士

經歷 • 中國文化大學家政系兼任講師、國立台北師範學院資深主管班講師

現任 • 童心園實業股份有限公司創辦人、消費者文教基金會婦女兒童教育委員會委員、大愛衛星電視台「大愛童心圓」節目「大愛比一比」體能競賽單元顧問、臺北市立師院幼教系資深講師、輔仁大學生活應用科學系資深講師

黃序

隨著工商社會的發展，人們生活腳步加快了；趨於都會化的居住型態使居住空間縮小。個人自由意識的抬頭、受教育年齡的延長，晚婚的比率正節節上升。嚴重的環境污染、其他不明原因的因素，加上醫學科技高度發展能更早期發現孩子發展的問題，許多臨界特殊兒童邊緣的孩子正陸續被發現。許多父母的危險意識提高，教育界也有向下尋根的趨勢，於是如何早期發現孩子的問題？如何提供早期適當的教育活動，預防問題於未然？如何不讓孩子輸在起跑點上？已成了當今父母及教育界的熱門話題。

好友吳文鶯女士與張翠娥女士合著的這本書，就是從這個觀點出發，希望提供家有幼小孩子的父母及從事幼兒保育工作者的參考。她們兩人均在大專校院幼教、幼保科系任教，不管在教具教材的選擇、活動設計上均有豐富的經驗，雖然我不是從事教育的本行，但從醫藥衛生保健及身為人父母的角色來看此書，覺得本書沒有深奧的理論，卻能深入淺出地說出為什麼要做這些活動的道理以及這些活動對幼兒有何幫助。

另外，就像要求幼兒收玩具這件事，我相信對許多父母都是非常頭大的，似乎除了命令指責外，想不出更好的方法。本書提供的是如何利用遊戲的方式，寓教於樂，輕鬆愉快的完成此事，不但皆大歡喜，孩子還可以在收拾過程中學到分類方法，這是我覺得她們高明的地方。

我樂意向家有幼小孩子的父母及從事幼兒保育工作者推薦此書。

黃昭順

自序

從事幼教師資培育與實際數學輔導工作多年,觀察過各種兒童遊戲與認知活動,也常和各幼兒園園長、老師交換教學心得意見,許多幼教現場工作人員常表示,現代的兒童因爲媒體資訊的發達,在認知、語言發展上均有超前的現象,可是在動作、體能活動上就大不如前;許多兒童顯現能力發展不均的現象。

對這種種問題顯現,我一直在探究原因,經多方資料搜尋,歸納了幾個理由,那就是:

1. 都市化——居住空間的縮小,孩子缺乏跑跳空間。

2. 孩子交由保姆或上一代撫養——由於各保姆素質參差不齊,上一代的體力也較有限,在照顧上難免有較多的缺失。

3. 照顧者缺乏育兒的正確知識與技巧——父母或幼兒照顧者若能具備正確育兒的知能,在其他時段,儘量補足,問題就可以減少許多。

由於前兩個因素是爲較不可抗拒因素,而第三個理由則是可以改善的。

基於教學的需要,及這種時代的使命感,我一直想寫一些活動提供幼教生力軍與年輕的父母在實際保育工作上的參考。

此一構想一經提出,即獲得身旁諸多親朋好友的熱烈回響。吳文鶯老師一直在教具、遊戲活動方面有豐富的實務與資源,我們一拍即合就敲定了主題與合作方式;還有心理出版社許總經理麗玉的大力支持。

為使本書更活潑、完整地呈現，書中加入許多照片與插圖；感謝童心園美術編輯黃尚茹小姐跨刀畫插圖，及心理出版社陳文玲編輯，一直不厭其煩地協助整理，終於催使本書得以誕生！

　　最後，還要感謝閱讀此書的讀者朋友，倘若書中設計之活動，未能明瞭或有修正意見，亦請不吝賜教！愴惶之際，難免疏漏，還望多予指正。

張翠娥

寫於長庚護專幼保科

86年3月

目錄

第一章

遊戲與嬰幼兒發展

一、遊戲的類型與特徵

二、從發展理論探討遊戲在兒童發展中的角色

三、遊戲對嬰幼兒發展的影響

四、成人在嬰幼兒遊戲中所扮演的角色

古人為勸勉學子多讀書，提出「勤於學，嬉無益」的訓言。這與近年來「遊戲中學習」論點，蒙特梭利主張的「遊戲是孩子的學習工作」有無衝突與對立的地方？遊戲對兒童發展的影響到底是什麼？

其實「嬉無益」或「嬉有益」說，要考慮時代的背景、切入的角度與論及的年齡層。從前讀書的機會少，一般人無就學機會，即使家境許可，真正入學年齡也都近十歲了，甚至還更大。且那時候所讀的書都需要靠背誦，所以年長者才會提出「勤於學，嬉無益」的訓言期勉學子，希望其能珍惜得之不易的學習機會。而「遊戲學習」論，所論及的年齡層較小，發生的時代也正是學前教育遊戲與開放式教育萌芽的時代，所以提醒大眾不要以為讀書才是正式的學習活動。其實透過遊戲可以培養學習的興趣，也能在實際的操作探索中建構真正的知識，培養許多能力，對嬰幼兒的身心發展有多方面的好處。

一、遊戲的類型與特徵

「遊戲」這個名詞很普遍，幾乎每個人都耳熟能詳，可是每人所想與所認定的遊戲可能並不一致。若從發展的觀點來看，遊戲屬於自發性行為，是幼兒本身主動探索，自行創造發展出來的活動才稱之遊戲（郭靜晃譯，民八十一）。若從教學的觀點來看，目前幼稚園老師所設計的教學活動，或經由特別設計的親子活動，通常也稱之遊戲。為區分這兩類遊戲，筆者將這兩類遊戲自行命名定為「發展遊戲」與「設計遊戲」。將其特徵分述如下：

(一)發展遊戲

發展遊戲的特徵

1. 發展遊戲是一種主動自發的行為

遊戲是孩子主動發展的行為，不是被強迫的，也無外在的外力行為。幼兒遊戲出自個體內在動機，其所衍生的活動也是受個體主動自願的激發。

2. 發展遊戲無固定的模式

由於遊戲是孩子主動發展的，受到個體強烈的個人意願所掌握，所以也無固定的模式。不過研究者為探討方便，會依據遊戲的發展年齡、遊戲主題、範圍……等將遊戲分類。

3. 發展遊戲是一種動態的過程

遊戲強調探索、趣味、互動，通常以動態形式呈現，兒童在遊戲中重視的是活動或行為本身。雖然有的遊戲會有輸贏的結果，但如果遊戲太注重輸贏的結果，那遊戲就會失去其本質意義。

4. 發展遊戲是自由選擇的

遊戲可以有指導者或輔導員教導遊戲規則，預先安排遊戲情境，可是遊戲的參與則是自由選擇的，而不是他人指派的。如果不是幼兒主動發起的遊戲，動機的引發就顯得很重要。

從發展過程看遊戲的類型

上述的發展遊戲若以發展過程分類，又可以細分為下列幾項，以下就發展過程來看遊戲的類型與特徵。

遊戲類型	發展年齡	遊戲特徵
1. 獨立遊戲	零至二歲	獨自玩耍，不與他人有交談或互動。
2. 平行遊戲	一至三歲	幼兒在一起玩相似的玩具或遊戲，彼此之間並無合作、互動，但會意識到對方的存在。例：幾個孩子在一起玩積木，但各玩各的。
3. 聯合遊戲	二至四歲	類似平行遊戲，但參與者之間有部分互動與合作。
4. 社會遊戲	三歲以上	幼兒之間有社會互動行為，有語言溝通、眼神或身體的接觸，有時也會有社會模仿行為，如：扮演家家酒遊戲。

(二)設計遊戲

設計遊戲的特徵

1. 設計遊戲是成人依據幼兒身心發展特別設計的活動

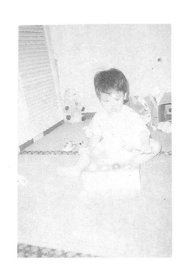

設計遊戲是成人特別為孩子所設計的活動，所以要特別考慮使用對象的身心發展狀況，選擇適合的活動方式與內容。

2. 設計遊戲透過成人的引導可以提升其遊戲層次

設計遊戲注重成人的引導，針對幼兒的能力做適度的引導，進而增進幼兒的潛能以提升其遊戲層次。

3. 設計遊戲強調動機的引發

設計遊戲仍強調幼兒主動的參與，可是基於設計活動非原發性活動，所以要特別注意動機的引發，讓幼兒有興致，願意主動參與。

4. 設計遊戲時要考慮參與者與環境各方面條件配合

參與者的年齡、興趣、體型會影響空間選擇，不同的活動類型也需要考量環境空間的因素，如：需躺臥的活動，最好在鋪地板的空間；活動量大、衝撞力強的活動，最好在有軟墊地板、有防護牆的空間。戶外場地、空間大小都是活動設計時需考量的重點。

5. 設計遊戲的活動過程要能引發參與者的興趣

雖然設計活動是成人為幼兒設計的，主動權在成人，但在活動的引導過程要特別考慮活動的趣味性，要能引起參與者的興趣。讓活動由被動參與轉為主動參與，才不會失去遊戲的真諦。

6. 設計遊戲的指導應能尊重參與者的意願

設計活動雖然不是由幼兒主動引發的，但仍不可以採強迫的方法要孩子參與，應該尊重孩子的意願、學習狀況，彈性調整活動時間、內容。

* 本書所附之遊戲大部分是屬設計遊戲。

▌設計遊戲常見的類型

遊戲類型	發展年齡	遊戲特徵
1. 親子遊戲	年齡不拘	親子一起參與的遊戲。
2. 合作遊戲	四歲以上	遊戲的性質需參與者共同策劃、討論、提供意見、通力合作來完成。
3. 規則遊戲	三歲以上	遊戲的進行有一定的規則，所有參與遊戲者必須遵守遊戲規則，才能進行。
4. 競爭遊戲	四歲以上	大部分的競爭遊戲都有規則，但其強調輸贏的團隊榮譽感，較適合較大的兒童。

　　以上的遊戲方式只是為分類方便所做的區分，其實親子遊戲也可以是發展性遊戲，主要的差異在於遊戲是由幼兒主導亦由成人主導。合作、規則、競爭遊戲也都可能是發展性遊戲，主要差別在遊戲規則與活動發起是孩子自然發展的。另外，不管是發展遊戲或設計遊戲，若依遊戲的內容性質又可以將之分成不同「主題的遊戲」，如：感覺遊戲、身體遊戲、認知遊戲、語言遊戲、生活自理遊戲……等。

二、從發展理論探討遊戲在兒童發展中的角色

理論類別	理論觀點	遊戲在兒童發展中的角色
1. 認知發展論	認知的發展需透過探索、操作、思索過程	遊戲可以幫助新的心智技巧的熟練與獲得。
2. 感覺統合論	神經傳導系統的統合能力是學習的基礎	遊戲可以促進神經傳導的整合功能，進而奠定學習的基礎。
3. 神經生物論	神經生理的發展是所有其他發展的基礎	遊戲可以促進身體動作、肢體協調，奠定神經生理的基礎。
4. 行為理論	行為是可以透過行為改變技術修正的	在遊戲過程中經歷的探索、發現、解決問題的過程，可增進行為處理層次。
5. 心理分析論	早期的生活經驗影響人格與行為的養成	早年愉悅的遊戲經驗有助行為、人格正向的發展。

三、遊戲對嬰幼兒發展的影響

　　許多教育大師如：盧梭、斐斯泰洛齊、福祿貝爾、杜威、蒙特梭利等都強調應讓嬰幼兒透過遊戲來學習，其中杜威還特別提出「從遊戲中學習」；蒙特梭利則指出「遊戲是兒童的工作」。如果我們從生活中觀察孩子，則可以發現孩子在遊戲時是快樂的，是無拘無束的，是一種情緒的發洩，是發自內心的選擇。透過遊戲到底對嬰幼兒發展有什麼影響呢？

1. 遊戲有助身體／知覺能力發展

　　大部分的遊戲活動會運用四肢、移動身體、運用感官感覺認知外在世界，如：爬行活動、探索活動、戶外攀爬跑跳……都有助身體／知覺能力的發展。

2. 遊戲可以增進語言發展能力

　　兩人以上的活動需要溝通表達才得以進行，即使是毫無結構的平行遊戲，孩子在遊戲時仍會有不時的互動。社會角色扮演遊戲則可發展出時間序列概念、角色認同與創造性語言／情節等。所以遊戲對語言能力的發展是個大功臣。

3. 遊戲可以提升智能發展

　　嬰幼兒透過環境探索遊戲認識其所處的環境。其經由感官的探知

認識物體的特徵，在操作架構中運用思考組織能力，在嘗試錯誤中建構新知識，在溝通表達中增進語彙，這些都是提升智力發展的因素。

4. 遊戲能促進社會能力發展

　　遊戲中參與者享受的是放鬆與快樂，這時對他人的警戒心會降低，比較容易結交朋友。有些遊戲需要團隊的合作、角色的分配，更能凝聚人際的力量。遊戲過程有時也會出現衝突，需要協調溝通，這些對社會能力的發展都很有幫助。

5. 遊戲有紓解情緒的功能

　　孩子們喜歡玩遊戲，主要是遊戲可以帶給他們快樂、愉悅的感覺。有些冒險遊戲，雖然驚險刺激，但歷經後的成就，則是令其樂此不疲的原因。

6. 遊戲能提升思考、創造、解決問題的能力

　　遊戲是參與遊戲者發展出來的，遊戲的發展過程、規則需要思索、創造，如：積木遊戲需要架構、設計造型，玩具組件不足或顏色不對時要想辦法創造替代，遊戲過程若有衝突，則要解決問題。這些都可能在遊戲中自然發生，所以透過遊戲能提升思考、創造、解決問題的能力。

　　從上述觀點可知，嬰幼兒透過遊戲能享受人與人及人與玩物之間的互動；似乎也使身體更健康、語言表達更流暢，更提升了思考、想像、解決問題的能力。

四、成人在嬰幼兒遊戲中
所扮演的角色

　　家有零至三歲嬰幼兒的父母，相信其生活方式和沒有孩子以前，一定有很大的差異，除非他們二十四小時均將孩子托送別人照顧。但他們也只可能輕鬆一時，日後要面臨的可是更多的教養與角色問題，那是另一個話題。這裡要談的是親自照顧六歲以下嬰幼兒，或至少晚上帶回自己照顧的父母需要扮演的角色與應注意的事項。

1. 支持者的角色

　　幼兒遊戲時，成人是為孩子準備一個適合成長環境的人，是了解並懂得尊重孩子的人。

2. 觀察者的角色

　　幼兒遊戲時成人不需太多的介入，只需要在一旁觀察其遊戲型態、內容及事實的記錄即可。

3. 保護者的角色

　　遊戲時成人在一旁扮演的是保護孩子的角色，除了事先做好安全環境的準備外，還應時時注意遊戲過程的安全防範措施。

4. 催化者的角色

　　有時遊戲也會陷入僵局，或一直停在某個層次無法進展，這時成

人扮演的就是催化者的角色。

5. 參與者的角色

　　成人參與幼兒的遊戲的方式，大致可分為平行遊戲與共同遊戲兩類。平行遊戲方式是成人盡量接近幼兒遊戲，並與他玩同類玩具，但兩者之間並無互動，不干擾孩子的活動；共同遊戲是成人參與兒童正在進行的遊戲，但是由孩子控制整個遊戲情境。這兩種方式可以讓幼兒覺得遊戲是好玩的，持續度增加，有時孩子也會模仿成人的玩法，進而學到新的遊戲方式。

6. 引導者的角色

　　在遊戲過程中，父母或老師是發現孩子問題的人，也是教育孩子的人。成人擔任幼兒遊戲引導者角色時，要特別注意遊戲的類型，如發展性遊戲盡量不要干預，設計性遊戲則要先了解設計的重點及引導的方法。另外要考慮介入的時間、方式，最重要的是要尊重孩子的意願，聆聽孩子的心聲，不勉強孩子要按照自己的方法做。

第二章

嬰幼兒遊戲環境規劃與安全防範

環境對嬰幼兒發展的影響有如染料對素色棉布，我們提供孩子什麼樣的環境，他就會被染成那個樣子。嬰幼兒在發展的里程碑中是處於「感覺動作期」，他們透過感官感覺以實地的探索行動來了解這個世界。一個豐富刺激的遊戲環境對嬰幼兒發展的助益，可能超過我們所預期的。

一、嬰幼兒遊戲環境的規劃原則

如果一個遊戲環境能滿足嬰幼兒下列的需求：

- 健康安全的成長
- 能激發孩子的探索慾
- 自主獨立使用空間
- 滿足孩子的好奇心
- 發揮創造／想像力
- 紓解情緒壓力

相信那是個能促進嬰幼兒整合性發展的遊戲環境。可是該如何規劃才能滿足這些條件？在規劃上該注意些什麼？

1. 足夠的活動空間

活動空間的大小要考慮使用的人數，人數愈多所需空間愈大。另外，年齡也是空間規劃的考量因素之一。嬰幼兒行走不穩，缺乏保護自己的能力，大孩子跑跳莽撞，容易在無意間傷害到嬰幼兒，最好能有所區隔。

2. 環境採光通風良好

嬰幼兒就如剛發出嫩芽的小樹，需要足夠的陽光、空氣以助其健康地成長。一個採光通風良好的環境，較不易傳播病媒引發傳染性疾病，也有益骨骼、身體的發育。

3. 教具玩具陳列讓幼兒容易取放

若要營造一個充滿吸引力的學習環境，充份發揮嬰幼兒的創造力，基本上教具玩具的陳列要讓嬰幼兒容易取放，才能吸引孩子主動去把玩這些教具玩具，較容易建立獨立自主個性。

4. 讓幼兒有生活自理的機會

嬰幼兒環境的準備要盡可能地讓成長中的嬰幼兒獨立地自理生活。很多父母常覺得幼兒年紀太小，要求他自己收拾，耗時又凌亂，不如自己動手快一點。可是若因此剝奪孩子自我練習的機會，則容易養成依賴性格。

5. 可讓幼兒自在地遊戲活動

嬰幼兒的遊戲空間應置於不受干擾的位置，如不在人來人往的通道；與大孩子的跑跳空間有所區隔，讓幼兒能自在地遊戲其間。

6. 符合嬰幼兒發展需求

不同年齡的孩子能力不一樣，對空間的需求也不相同。就如：不會翻身的嬰兒，床是其主要的活動空間，會爬行的嬰兒則需要安全、適合爬行探索的空間。

7. 注意動線規劃

　　生活作息的走動動線如果規劃得當可以節省許多人力，減少許多紛爭。動線規劃的原則包括：不將動態性玩具、遊樂設施設置在經常走動的線上；行事活動要考慮流程作業，以節省人力；動靜態活動設備不宜擺在一起，以免干擾……。

8. 提供足夠的遊戲設備／玩具

　　嬰幼兒的佔有慾很強，發展階段又處於自我中心期，尚未發展合作行為，很難引導孩子合作遊戲。最好能提供足夠的遊戲設備／玩具，以免經常發生爭奪玩具的情境。

二、一般家庭嬰幼兒遊戲環境的規劃

　　通常家庭的設備主要為大人設計，很少考慮到嬰幼兒的需求，為了讓家中新到來的成員也能安全舒適地使用這個空間，就必須要重新審視規劃。

㈠初生至六個月嬰兒遊戲環境的規劃

　　這個階段的嬰兒睡眠時間很長，清醒時也無法獨立移動，即使五、六個月能坐起，也必須有支撐物。所以其遊戲空間以嬰兒床、嬰兒推車及可臥躺的軟墊空間為主。

1. 嬰兒床

除了嬰兒床本身選擇時要考慮的安全性外，也要考慮嬰兒睡醒時，能有豐富刺激的學習環境。

2. 嬰兒推車

嬰兒無法獨立行動，推車是其見識世面的重要工具。選擇穩固的推車是必要的考量。由於孩子長得很快，父母通常會買大一點的推車，所以小嬰兒坐大推車時記得要用毛巾或毛毯塞在周邊，讓嬰兒有安全感，不至於搖來晃去。也可以在嬰兒車上掛些懸吊物，供嬰幼兒出遊時把玩。

3. 軟墊空間

軟墊空間除了特別設計的區域外，在需要時於客廳或起居間放置幾塊軟墊也可以充當，父母親的大床也是一個替代空間。軟墊空間的主要目標是幫助嬰幼兒做些運動、活動筋骨，刺激其認知發展。

(二)七個月至一歲嬰兒遊戲環境的規劃

這個階段的嬰兒開始學爬學走，嬰兒床已經無法滿足其需求。學步車、特定遊戲區與乾淨平穩的地面是此階段所必須的。

1. 學步車

許多父母（或保姆）把學步車當成萬能保姆，自己有事要忙時就把孩子放在學步車內，只要不哭不鬧就好。其實學步車發生意外事故的機率很高，除了學步車本身的重心不穩，地面的不平，環境規劃不

當等外在因素外，使用者的疏忽也該負一部分責任。一般而言，要等孩子能獨立坐穩後，才能坐學步車。而且應先環顧四周，以坐在學步車上嬰兒伸手可及的範圍是否有危險物品，是否可能因抓落或衝撞而造成危險的情況等因素為考量。

2. 學步手推車

十個月左右大的嬰兒開始扶物站起，喜歡攀物移動身體，學步手推車正可以滿足其需求。只要在安全平坦的地方，讓其推著學步手推車到處走動，除了協助孩子發展其獨立行走的能力外，還可以開拓其視野。當然在選擇學步手推車時，要注意其重心是否穩固？推起來是否順暢？是否有零件脫落？是否有尖銳突出物？

3. 特定遊戲區

為嬰幼兒安排特定的遊戲區，宜遠離走道，周圍放置孩子可以自由把玩的開架式玩具櫃，以養成主動收拾的習慣。也可以用市面上賣的遊戲床代替。

4. 乾淨平穩的地面

七個月至一歲嬰兒正在學爬學走，且其正處於口腔期，任何物品一定先往嘴巴送，所以保持地面的乾淨、平穩是很重要的。而且因其走的不穩容易摔跌，故地面最好是有些彈性，如軟木塞地板，或另外鋪上易清洗的軟墊。

㈢一歲至三歲幼兒遊戲環境的規劃

　　一歲至三歲幼兒屬於蹣跚學步期，喜歡到處走動，可是又無法走穩；會跑步，卻又跟跟蹌蹌，常會看到其跌跌撞撞很容易跌倒。此時期所有易被抓落、易碎的物品都應收起。此階段已不需要學步車了，遊戲床也無法滿足孩子的探索慾。但特定遊戲區與乾淨平穩的地面仍然是必須的。

1. 跑跳空間
　　不管是室內或是室外，都需要提供幼兒一個可以跑跳的空間，其中除了需要平坦的地面外，還要考慮可能的衝撞點及家具的邊緣、銳角等是否做了適當的保護。

2. 腳推腳踏車
　　用自己的雙腳推動的腳踏車是這個時期的最愛，他們的能力尚無法踩踏三輪腳踏車，卻又羨慕大哥哥、大姊姊會騎車，所以有輛腳推腳踏車，可以稍稍滿足其渴求。

3. 搖馬

學坐搖馬之前，應確定嬰幼兒能坐穩且具備抓握能力。前幾次坐搖馬，必須有大人在一旁照顧，了解其抓握能力，確定無安全疑慮才能放手。基本上，最好能在搖馬四周放置軟墊，以防萬一滑落也較無危險性。

4. 小桌椅

此時期的幼兒開始在建立自我概念，喜歡有屬於自己的東西。若讓其有自己的小桌椅，養成固定位置吃飯、畫圖、看書的習慣，有助其生活自理能力的提升。

5. 個人空間

家中空間若足夠，盡可能撥出一個給幼兒的個人空間，至少有幾個屬於孩子的櫃子，如：衣櫃、玩具櫃、書櫃……等，以培養孩子「物的所有權」概念。

6. 戶外活動

嬰幼兒期透過感官感覺認識這個世界，若能提供更寬廣的視野，孩子的世界就會更豐富。多帶孩子走向戶外、走向大自然，其成長的經驗就會更豐碩。

三、家庭托兒嬰幼兒遊戲環境的規劃

在考慮承接家庭托兒的工作時，需先檢視家中環境是否適合嬰幼兒安全生活與學習的環境。家庭托兒一般收托一至三位嬰幼兒，所以要考慮如何安置才能同時照顧到所有的幼兒。

家庭托兒嬰幼兒遊戲環境的規劃，除了要考慮一般家庭育嬰所需注意事項外，還需注意：

㈠足夠的活動空間

大部分的時間孩子都在室內，所以除了睡眠時間外，孩子需要足夠活動量，也就需要有足夠的活動空間讓其能安全自在地玩耍。以一般家庭而言，最好是撤走客廳的沙發、桌椅，鋪上易清洗的軟墊，提

供適合的玩具、圖書，並沿牆放置幾個工作櫃，方便收拾。

㈡所有不開放孩子使用的房間、櫥櫃事先上鎖或封閉

　　與其整天喊叫「不要！」「不可以！」，或隨時擔心可能的危險，不如事先將所有不開放孩子使用的房間、櫥櫃上鎖或封閉，以免製造許多不必要的麻煩。

㈢規劃流暢的使用動線

　　家庭托兒的工作相當繁重，若不事先規劃好流暢的使用動線，很容易使自己過勞，而無力照顧好孩子。

㈣足夠的玩具量

　　三歲以前的幼兒處於強烈的自我中心期，很難與友伴共享玩具，故家庭托兒人數若超過二人以上，一定需要足夠的玩具量，以免整天為爭奪玩具而吵個不休。

四、托兒所托嬰部遊戲環境的規劃

　　托兒所附設的托嬰部人數較多，遊戲環境的規劃最需要考慮的是「感染問題」。嬰幼兒的抵抗力弱，只要有一個生病，可能很快就波

及全部。

(一)嬰兒床

　　一般而言，獨立行走以前的嬰兒最好採用個別的嬰兒床，一方面由於其睡眠時間較長，另一方面也能稍作區隔，降低感染率。嬰兒床的放置要避免緊鄰接排，最好在床四周能留出一些空隙，兩床的距離間隔至少要一個床的寬度，整體位置的安排要注意動線規劃。

(二)調奶台

　　托嬰教室一定需要有調奶台，調奶台最好設在嬰兒室內，如果空間不足，調奶台也要緊鄰嬰兒室，並設計透明觀察鏡或玻璃，以便在調奶時仍能觀察到嬰兒，以即時支援及防範意外。另外，調奶台需要有沖洗設備，需要設在有水管的地方，且不宜擺在出入口，以免不小心相撞，潑出熱奶造成意外。

(三)遊戲空間的規劃

　　遊戲空間的規劃除了要注意地板的彈性、空氣的流通性、光線的控制、色彩調配的協調性、區域依性質需要的分隔、注意動線的規劃等外，還要考慮收托的年齡。

1. 嬰兒室遊戲空間
　　若收托嬰兒人數較少，可考慮將遊戲空間與嬰兒床並存於嬰兒

室。若空間硬體的問題，或收托嬰兒人數較多，應考慮區隔睡眠區與遊戲區，當然人員的分配、人力的支援都是考量的因素。

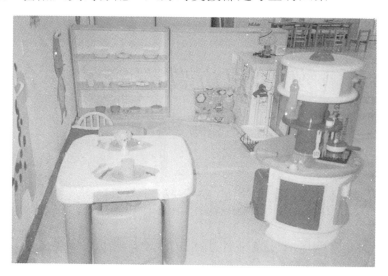

2. 學步兒遊戲空間

學步兒可以不需要嬰兒床，只要在睡眠時間鋪上床墊即可，活動時間將床墊收起，可以增加學步兒的活動空間。由於學步兒走路不穩，地板一定要有彈性，以避免經常的跌撞所造成的意外傷害。

3. 幼兒的遊戲空間

幼兒的遊戲就是他的學習活動，這個時期有強烈的學習慾望，除了上述的規劃原則外，要注意提供豐富的玩具、教具，最好還能分區學習，提供自主收拾的櫥櫃，養成獨立的自理能力。

4. 戶外遊戲場

基本上戶外遊戲場較適合三歲以上的幼兒，這時他們有基本的語

言表達能力，喜歡與友伴一起玩遊戲，跑跳也比較穩，戶外遊戲場可提供其發展全身性的肢體動作能力。在規劃上，注意前述遊戲空間規劃原則即可。

五、嬰幼兒遊戲環境的安全防範

(一)一般嬰幼兒遊戲環境的安全防範原則

　　一般家庭的擺設、日常計劃、生活的步調，大都是依成人的需要與習慣設的。想想家中的大馬桶，幼兒一坐上去很可能全身陷入，盥洗設備連腳都還搆不著。客廳的桌角位置與嬰幼兒的頭部齊高，如果不小心撞上，其後果不堪設想。

1. 以嬰幼兒的發展特徵、需求考量安全性

　　不同的發展年齡有不同的需求，會爬走以前的嬰兒，活動範圍和空間主要是嬰兒床、搖籃、嬰兒車，及小塊可供躺臥的乾淨地面。遊戲環境的安全防範以這些範圍為考量點，注意不要翻落、夾住、撞到及將異物往嘴塞。會爬走的嬰兒需要較大活動空間，最主要的安全考量在防範其衝撞、跌跤時頭部的保護。兩、三歲兒已能自由行走，則需特別注意走失、誤入禁地，或將甜衣藥物當糖吃。

2. 考慮環境的限制

每個環境都有其限制，不同的家庭空間坪數、人口數、經濟條件、品味風格，其需求與限制性也會不同。如：樓中樓的家庭要考慮樓梯的安全性；大理石地板的家庭要特別注意打滑與跌撞；開放式的廚房廚具，安全收放就是重點。另外，不同的需求、條件，也會有不同的盲點，如一般家庭、家庭托兒、托兒所在安全防範上也應考慮不同的環境做相對的因應措施。

3. 注意安全的死角

人都有一種「習以為常」的習慣，以為這個家我已經住了這麼久了，從來沒有發生過什麼事，怎麼會有危險？事實上，孩子的興趣習慣和成人不同，他們會在這個環境中做些什麼事，可能會出乎成人的意料之外。試著以孩子的眼光環顧四周，注意可能的安全死角，以期能防範未然。

4. 照顧者也是環境安全的一環

很多的意外事故發生的原因來自照顧者的疏忽，應注意：幫嬰兒洗澡時絕不能丟下嬰兒跑去接電話；藥物、有毒物品要隨時收好；不讓孩子離開視線範圍；不給嬰幼兒太小的玩具，以免不小心吞食……等。

(二)遊戲場安全維護的檢驗項目

1. 動線規劃　□遊戲設備使用動線是否流暢？
　　　　　　□遊戲設備使用動線是否易造成衝撞現象？
2. 設備周遭　□是否保持安全距離？

□是否塞滿雜物？

　　□是否保持清潔衛生？

3. 整體結構 □是否有傾斜？ □是否有鬆脫？ □是否有斷裂？

　　　　　　□是否有纏繞？□是否有破損？

4. 設備表層 □是否生鏽？ □是否有油漆剝落？ □是否有保護層？

　　　　　　□是否有裂縫？ □油漆或保護膜是否有毒？

　　　　　　□邊緣是否有突起物？ □邊緣是否銳利易傷人？

5. 接縫處 □是否有裂縫？ □是否有腐蝕？

　　　　　□是否過度磨損？□是否有彎折？

　　　　　□是否粗糙？

6. 護欄 □是否組件遺失？ □是否彎折？ □是否裂開？

　　　　□是否過度磨損？ □是否鬆脫？

7. 臺階／梯子 □是否有橫木遺失？ □是否彎折？

　　搖盪椅　　　□是否裂開？ □是否鬆脫？

8. 基座 □是否露出地面？ □是否鬆搖？

　　　　□是否有缺裂？

9. 組件 □軸承是否磨損？ □是否需要潤滑？

　　　　□是否有零件脫落？

(三)室內遊戲環境設施的安全防範檢核項目

□ 1. 地板是否保持彈性？（如在一般地板上加軟墊，避免用地毯或毛製品，因其易造成呼吸道感染。）

□ 2. 地板是否安全又易於清潔？

□ 3. 是否選擇無毒的安全玩具？

□ 4. 玩具是否隨時保持乾淨？

□ 5. 是否提供可爬、翻滾的地方，至少兩個塌塌米大？

□ 6. 是否有一處安全可供鑽爬、自由遊戲的地方？

□ 7. 廚房是否採用透明門或加上護欄，讓孩子看到廚房的情形？

□ 8. 殺蟲劑、化學藥品、藥品、維他命等是否放在孩子拿不到的地方？

□ 9. 家具的邊緣、銳角是否加上保護措施？

(四)維持室內遊戲環境安全的防範措施項目

☐ 1.你時常檢視地面是否保持清潔、乾燥？

☐ 2.你時常檢視地面上是否有尖銳物？（剪刀、訂書針、牙籤…
…）

☐ 3.你是否注意門是否隨手關好？孩子是否會在你不注意時爬出
去？嬰兒部的護欄是否關好？

☐ 4.你是否注意高處是否有易掉落物？

☐ 5.你是否注意娃娃床旁邊是否懸掛過長的繩索？

☐ 6.你是否注意遊戲室牆壁的電插座是否護蓋？

☐ 7.你是否注意所有電熱器或電暖爐出口是否有防護措施？

☐ 8.你是否注意所有家具的角或邊是否做了安全處理？

☐ 9.你是否注意電線、燈線是否做了隱藏處理？

☐ 10.你是否注意不希望孩子使用的櫥櫃是否加裝了鎖？

☐ 11.你是否時常檢查使用的玩具是否安全？（是否有脫落？掉色？

突出物？斷裂？……）

(五)遊戲室基本照顧上的安全檢視項目

☐ 1. 不讓孩子單獨在一處玩耍。

☐ 2. 不讓孩子離開你的視線，即使暫時離開一下，除了要確定孩子安全無慮（如正在睡覺、在小床內、遊戲床內……），還要交代其他工作同仁代理，若無其他大人在教室內，無論如何不能離開。

☐ 3. 隨時眼觀四方耳聽八方，注意嬰幼兒的動靜。（切忌不可以在教室內互相交談，做保育以外的工作。）

☐ 4. 盡可能讓孩子了解安全的限制。

☐ 5. 若發現可能有礙安全的事物應立即處理（先不要計較是誰導致的結果），如：地面積水、尖銳碎物、嘔吐物。

☐ 6. 查看整體環境是否有所謂「安全死角」？

☐ 7. 你是否試著以孩子的眼光、角度巡視周遭，檢視可能發生的危險性？

第三章

適合各階段發展的
嬰幼兒遊戲與教具

遊戲是孩子的工作，玩具是孩子的工具，孩子從遊戲中成長和學習，從玩玩具中刺激腦筋靈活，所謂「工欲善其事，必先利其器」，所以選擇適合孩子年齡和興趣的玩具很重要，也是父母、師長的責任。

　　三歲前的小寶寶成長得非常快速，許多影響深遠的行為、心理和生理的塑造都與嬰幼兒期的經驗有關。例如：親子感情的建立，性別角色的認同等，都在這個階段定型或奠定基礎，所以照顧者除了給予愛與照顧外，還要提供豐富的環境和多元的刺激，選擇適合發展的玩具可幫助您達到此目的。

一、嬰幼兒玩具的選購原則

1. 符合嬰幼兒的發展年齡

　　不同年齡層的孩子有不同的發展特徵與需求，所以需要選擇適齡的玩具，才能引起孩子的興趣，激發其潛能。

2. 安全性的考量

　　選擇與製作玩具最重要的考量點是「安全」，下列嬰幼兒玩具安全檢核表，可提供嬰幼兒玩具選購的參考。

〔嬰幼兒玩具安全檢核表〕

- ☐ 1. 萬一幼兒舐、咬時，色彩是否會褪色或脫落？
- ☐ 2. 突起或突出物是否易使把玩者受傷？
- ☐ 3. 小零件是否易被抓咬而掉落？
- ☐ 4. 小零件是否易為嬰幼兒吞食？
- ☐ 5. 有無銳角或銳邊？
- ☐ 6. 縫線是否有鬆脫？
- ☐ 7. 玩具上是否有小洞？（是否可能因此卡到嬰幼兒的手指）
- ☐ 8. 是否有長得可能纏住脖子的繩線？
- ☐ 9. 搖鈴或固齒器是否因細長而可能傷到嬰兒的喉嚨部分？
- ☐ 10.質料是否夠輕柔不至傷及嬰幼兒皮膚？

3. 多用途與刺激多樣化

嬰幼兒成長快速，很多玩具把玩一下，就不適合玩了，以經濟眼光看，實在不划算。所以考量選擇玩具時，若價格較高的玩具，最好具多用途、可變化、具彈性，如此，延長玩具使用時限，也間接降低使用成本。且多用途、富刺激變化的玩具，也較容易引起嬰幼兒把玩的興趣。

4. 考慮清洗容易

嬰幼兒易將玩具放入嘴巴，為保持玩具的乾淨衛生，應考慮選擇清洗容易的玩具。（請注意商品標示之清理法）

二、適合零至一歲嬰幼兒發展的
　　遊戲與教具

零至六個月

發展特徵	適合的活動、遊戲	適合的玩具、教具
〔零至三個月〕 會注視光源 聆聽聲音 會抬頭 微笑 可見近距物	播放各類型音樂；回應其所有 　訊號、動作、聲音 多給予身體的接觸、撫摸；抱 　緊搖擺或轉圈 多對他笑、唱歌、說話，讓他 　注視你的臉與表情 玩一些簡單的體能遊戲 撥弄適當玩具引起其注意	懸吊玩具 音樂玩具 會發出聲響的玩具 嬰兒鏡、經護貝的照片 手搖鈴、鈴鐺 會移動的玩具 不同質料、重量，安全 　易抓握的小玩具
〔三至六個月〕 手會抓握 翻身 獨立坐 長牙	玩類似掉下、拾取的遊戲 多呼喚他的名字 玩照鏡子遊戲 玩躲貓貓、蓋起／掀開的遊戲 玩活動身體各部位遊戲	抓握玩具 可踢的玩具 磨牙玩具 柔軟可抱的玩具

　　零至六個月的嬰兒透過觀看、聽聲音和觸摸來探知周遭世界。其感官的發展尚未成熟，對黑白或色彩鮮明的東西、具聲響的玩具，會動、觸感柔軟的東西較有反應。

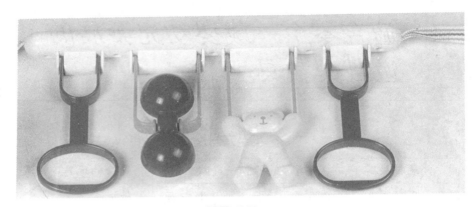

懸吊玩具

會發出聲響的玩具

嬰兒鏡

音樂玩具

會移動的玩具

磨牙玩具

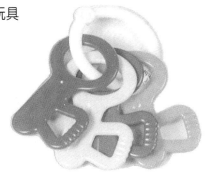

抓握玩具

可撥弄的玩具

柔軟可抱的玩具

六個月至一歲

發展特徵	適合的活動、遊戲	適合的玩具、教具
〔六至九個月〕 坐穩 扶物站立爬行 爬行	在浴盆中玩水 偶爾可坐學步車四處遛達 利用吃飯、洗澡或就寢時對孩 　子解說每天要做的瑣事 辨識身體各部位名稱	有底座可立起的手搖鈴 學步車 填充玩具 洗澡玩具：可漂浮、噴 　水、轉輪、傾倒…… 綜合抓、握、轉的玩具
〔九個月至一歲〕 獨立站 扶物走 蹣跚學步 單字期	玩捉迷藏遊戲 尋找被蓋住的玩具 唸唱兒歌 親子共讀簡單圖案的圖書 指認日常生活常見物品 堆疊大型軟積木 推拉「推拉車」走路 玩滾球、接球遊戲 玩單一圖案拼圖玩具 抱玩柔軟玩偶，與之對話	布書、塑膠書、厚紙板 　圖書 大型軟積木 拼圖玩具（單一圖案不 　分割） 各種球 柔軟可抱的玩具 可摔扔的玩具 推拉車

有底座可立起的手搖鈴

學步車

填充玩具

布書、塑膠書、厚紙板圖書

洗澡玩具：可漂浮、噴水、轉輪、傾倒……

大型軟積木

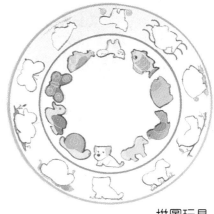

拼圖玩具

柔軟可抱的玩具

綜合性功能玩具

推拉車

三、適合一至二歲幼兒發展的遊戲與教具

一至二歲

發展特徵	適合的活動、遊戲	適合的玩具、教具
簡單表達需求	找出藏物	推拉玩具
蹣跚走路	到戶外走動	小型滑梯、鑽爬箱／網
到處探索	閱讀簡單故事	玩具圖書（布書、塑膠書…）
仿說	唸唱兒歌、童謠	有聲圖書
語言命名期	指名遊戲	錄音機
用湯匙吃飯	敲敲打打	搖馬
大小便訓練	操作簡單工具	玩具收藏箱
聽簡單指令	收拾遊戲	認知玩具
發展恆存概念	躲藏遊戲	拼圖玩具
	形狀鑲嵌遊戲	柔軟可抱的玩具
	聽故事帶、兒童歌曲	敲打玩具
	塗鴉遊戲	

　　一至二歲的幼兒剛學會走路，喜歡到走動，卻又跟跟蹌蹌；剛會說話卻含糊不清；會用湯匙吃東西，卻容易掉落滿地；大小便控制能力尚未成熟，常會弄得照顧者不知如何是好。在玩具選擇上要了解這些特徵，以增強其能力。

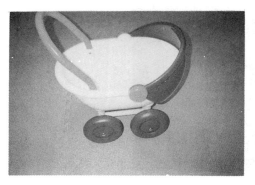

推拉玩具

小型滑梯

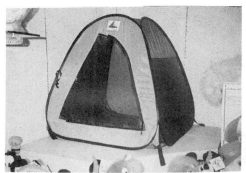

鑽爬箱／網

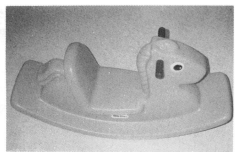

搖馬

玩具圖書（布書、塑膠書……）

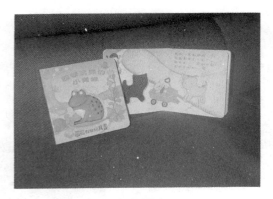

有聲圖書

錄音機

鑽爬綜合遊樂器材

敲打玩具

音樂玩具

柔軟可抱的玩具

認知玩具

四、適合二至四歲幼兒發展的遊戲與教具

二至四歲

發展特徵	適合的活動、遊戲	適合的玩具、教具
小跑步	戶外跑跳	推拉玩具
雙腳跨跳	玩戶外或室內遊戲設施	溜滑梯、安全蹺蹺板、鞦韆
低階跳下	玩球類遊戲	攀登架、柔軟彈性球類
騎三輪車	騎三輪腳踏車	三輪腳踏車
反抗期	學做簡單家事	簡單家事清潔工具
大小便訓練	生活自理訓練	生活自理訓練玩具
穿脫外衣	感官感覺遊戲	感官感覺教具
簡單家事	玩扮家家酒	扮家家酒玩具
日常對話	打電話	玩具電話
認知概念學習	玩具操作	認知類玩具
生活自理學習	聽故事、簡述故事內容	圖書故事書、錄音機
	躲藏遊戲	柔軟可抱的玩具
	積木堆疊	積木
	拼裝組合玩具	組合玩具

　　二至四歲的幼兒已會自由跑跳，有基本的語言理解與溝通能力。他們像一塊海棉體，正大量地向外吸取知識，他們對這個世界充滿好奇，自我意識正慢慢茁長，凡事喜歡自己動手。所以玩具的選擇重在

提升其生活自理能力、語言的溝通表達與認知學習的獲得。

推拉玩具

柔軟彈性球類

溜滑梯及球池

攀登架

安全蹺蹺板

腳行車

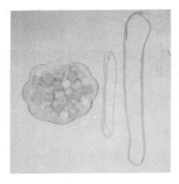

串接玩具

兒童用餐桌椅

旋轉設施

簡單家事操作玩具

生活自理訓練玩具

音樂玩具

扮家家酒玩具　　　　　　　玩具電話

認知類玩具

積木

圖畫故事書

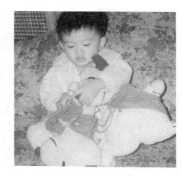

柔軟可抱的玩具

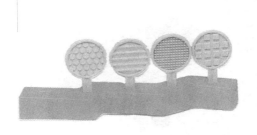

感官感覺教具

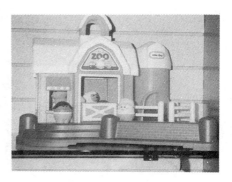

組合玩具

五、適合四至六歲幼兒發展的遊戲與教具

四至六歲

發展特徵	適合的活動、遊戲	適合的玩具、教具
走、跑、跳	戶外跑跳	三輪腳踏車
雙腳齊跳	玩戶外或室內遊戲設施	溜滑梯、安全蹺蹺板
單腳跳	玩認知建構性玩具	攀登架、綜合遊樂設施
高階跳下	騎三輪腳踏車	建構組合玩具
騎三輪車	聽有情節的故事	錄音機
愛發問	畫圖、黏土創作遊戲	球類玩具
能自理生活瑣事	團體競爭性遊戲	生活自理訓練玩具
社交溝通	玩扮家家酒	扮家家酒玩具
認知概念學習	打電話	各類玩具交通工具
簡單家事	積木堆疊	認知類玩具
遵守規則	玩具操作、工具操作	圖畫故事書、剪刀、簡易工具
聽懂多重指令	說故事、閱讀圖畫書	黏土、蠟筆等創作材料
喜與友伴相處	下棋、玩大富翁、玩彈珠、撲克牌……等規則性遊戲	科學小玩具、音樂玩具 規則遊戲玩具（大富翁、跳棋、撲克牌……）

四至五歲的孩子，典型的特徵是活蹦亂跳、富想像力、不守規矩與坐不住。這個年齡的孩子喜歡發問，常有許多「為什麼」，字彙也迅速增加。到了五、六歲他們又變得講道理、會遵守規則、喜歡與友伴在一起。不過，這只是一般現象，其實每位孩子也會有個別差異，輔導上就要有些彈性與變化。

三輪腳踏車

攀登架

溜滑梯、安全蹺蹺板

建構組合玩具

剪刀、簡易工具

生活自理訓練玩具

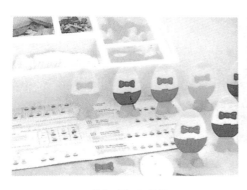

益智推理玩具

娃娃家玩具

各類玩具交通工具

認知類玩具

黏土、蠟筆等創作材料

圖畫故事書

規則遊戲玩具
（大富翁、跳棋、撲克牌）

科學小玩具

第四章

嬰幼兒遊戲的
設計與帶領

嬰幼兒透過遊戲探索世界，遊戲是嬰幼兒的學習工作。透過遊戲，嬰幼兒的動作反應會更敏捷，知識概念會更豐碩清晰。在遊戲中嬰幼兒獲得情緒的紓解，父母、老師與嬰幼兒在遊戲互動過程中得到更親密的關係。很多成人不知道如何與這麼小的孩子玩遊戲，也不知道有那些遊戲可以玩，其實引導尚未具備語言理解與表達能力的嬰幼兒遊戲，不只需要有愛心、耐力，還要有方法與技巧。

一、嬰幼兒遊戲設計前的先備知識

　　所謂的嬰幼兒遊戲設計前的先備知識是指，設計嬰幼兒遊戲前應了解、清楚的知識。包括：

1. 了解嬰幼兒發展的基本知識

　　各年齡層的動作、語言、認知、社會情緒……等能力差異性很大，只會坐的嬰兒不能設計爬行遊戲，兩三歲尚在平行遊戲階段的孩子，就不能設計合作性活動，所以了解嬰幼兒發展的基本知識是設計嬰幼兒遊戲的基礎。

2. 知道教材內容的編選原則

　　如何選擇適合不同年齡嬰幼兒的教材，是活動設計前需要先了解的，有能力編選教材才有能力設計活動。教材內容編選原則包括：由簡單到複雜，由生活經驗取材，考慮個別差異性，要能引發孩子的興趣，配合發展能力……等。

3. 認識遊戲設計的原則

遊戲活動的設計有一些基本的原則要考慮（見下頁敘述），依循這些設計原則可以設計出較合宜的遊戲。

4. 熟知嬰幼兒的個性，了解其生活習性

三歲以前嬰幼兒遊戲的帶領，成人與幼兒的比例通常是一比五以內，每位嬰幼兒的個別差異性很大，個性、習慣也大不相同，所以設計時應多考慮嬰幼兒的個性，了解其生活習性，較能收事半功倍的效果。

二、嬰幼兒發展目標

設計嬰幼兒活動時，要先考慮透過活動希望孩子得到何種經驗。嬰幼兒的發展是全面的，所以提供孩子遊戲活動時最好也能讓孩子有各方面的體驗，正如飲食要均衡，才能使身體發育良好。以下的發展項目是嬰幼兒身心健全發展所必須的。要特別強調的是這裡所謂的嬰幼兒發展目標，重在讓孩子有這方面的經驗，而不是一定要達到某種能力。近年來，大家都在強調「不要讓孩子輸在起跑點上」「孩子！我要你比我強」，如果父母的心態是比較輸贏的心理，很容易把這種心理壓力帶給孩子，反而容易造成「揠苗助長」的現象。但如果父母是抱持著嬰幼兒時期的發展是未來人生發展的重要基石，要多關懷了解，提供足夠的刺激經驗，以幼兒的經驗感受為出發點，那孩子就有福了。

▌嬰幼兒發展目標

1. 身體方面：得到身體的自我知覺經驗。

    靈活運用身體動作的經驗。

2. 語言溝通：與人談話和溝通的經驗。

    語言表達的經驗。

3. 認知學習：利用感官知覺經驗探索外在世界。

4. 獨立自理：學習如何照顧自己，增進生活自理能力。

    自我選擇、決定的經驗。

5. 社會互動：與成人相處的社會經驗。

    與友伴相處、交往合作的經驗。

6. 情緒處理：認識自己的情緒。

    經驗情緒的抒發與表達。

7. 問題解決：有機會經驗自己解決問題。

8. 創造想像：經驗想像創造的樂趣。

三、嬰幼兒活動設計規劃

(一)強調學習過程及主動參與的嬰幼兒活動設計規劃

　　強調學習過程及主動參與的嬰幼兒活動源自於發展論或旅行論，強調學習目標不在最後得到什麼，而應關心遊戲活動過程中孩子的參

與度、學習興趣、學習態度、學習方法的獲得。

　　其教育理念強調：學習是在不違背大教育目標的原則下，藉環境安排，賦予幼兒自由創作的機會。強調主動參與的活動和經驗的重組，課程設計要依據學生的活動或經驗，而非依據教育欲達成的結果。

　　在這種教育理念下，課程計畫的過程是：先考慮嬰幼兒發展方向，重視學習環境的規劃安排，再展開活動。孩子可能因此發展出各種不同的學習成果，所以沒有一定的評量項目，而是根據孩子的學習反應觀察，修訂活動設計。

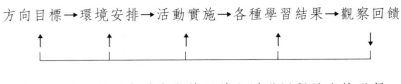

強調學習過程及主動參與的嬰幼兒活動課程計畫的過程

㈡強調學習目標的嬰幼兒活動設計規劃

　　強調活動結果要達成某些教育預定目標的活動方式，其活動設計時先設定活動目標，並在活動結束時檢核學習成果的設計方式，基本上是比較接近行為主義的觀點。其教育理念是：學習是在有系統、可預測的狀況下進行的，課程是達成行為目標的手段，課程發展是在教師預定目標、計畫中完成的。其課程計畫的過程：先考慮活動的教育目標，再進行教材的選擇，設計好活動後再展開活動，最後根據孩子的學習成果進行學習評量，根據孩子的學習成效，修訂活動設計。

教育目標→選擇教材→活動設計→發展教學過程→教學評量

強調學習目標的嬰幼兒活動課程計畫的過程

(三)嬰幼兒遊戲活動設計考量因素

設計嬰幼兒遊戲活動需要考量很多因素，包括教育理念、學習模式，還要注意以下因素：

1. 幼兒年齡，大人與幼兒比例。
2. 幼兒能力、生活經驗背景。
3. 學習內容：讓幼兒學什麼？
4. 活動方式、活動時間。
5. 場地、環境、教材教具。
6. 支援系統：行政資源、社會資源。

(四)嬰幼兒遊戲活動設計原則

1. 考慮嬰幼兒的成熟度與發展能力

雖然每個孩子的個別差異性很大，仍有一些發展上共通的特徵，設計活動時應先考慮該年齡層的發展成熟度與能力，作為基本的設計準則，再做細部修訂。

2. 注重個別差異性

同一年齡層的孩子，在個性、興趣、能力等方面可能仍有相當的

差距，這也是設計嬰幼兒遊戲時該注意到的。

3. 成人與嬰幼兒比例應視年齡、活動性質彈性調整

　　基本上年齡愈小愈需更多的人力照顧，但個性、活動性質也是影響成人與嬰幼兒比例的重要因素。

4. 考慮遊戲空間環境與活動性質

　　不同性質的活動需要不同的遊戲空間，換句話說，不同的遊戲環境空間對活動型態、性質會有所限制。

5. 活動方式、內容須有彈性

　　影響嬰幼兒活動的因素很多，如果活動設計缺乏彈性，會使效果大打折扣。所以活動的方式、內容需因嬰幼兒的個別差異性、生活作息、體能狀況……等適時彈性調整，才能真正發揮功效。

(五)嬰幼兒遊戲活動設計示例

示例一：過程模式遊戲活動

活動名稱	疊　高　高

【活動目標】
1. 讓孩子經驗堆疊的樂趣
2. 讓孩子從套疊過程中經驗大小、高矮的概念，建構堆疊的操作模式

【適用年齡】1歲半至5歲

【師生比例】1：1至1：10
　　　　　　（親子）（教師）

【環境準備】
1. 有軟墊的空間
2. 各種可以疊高的積木、安全空瓶、套套杯……

【成人角色】
1. 環境佈置：準備軟墊、收集各種可堆疊物品。
2. 適時引導：在適當時機適時引導。
3. 觀察：觀察幼兒堆疊的動作、技巧，與友伴互動情形。
4. 參與：可在一旁堆疊或參與幼兒的堆疊。

【活動方式】

1. 將孩子放在軟墊上，或在孩子的視線範圍內，表現對堆疊積木很有興趣（可直接操作）。

2. 把可疊高的物品放在孩子前面，如果他顯出想玩但又害羞的樣子，可以鼓勵式地引導，如：「你想玩嗎？這些你可以試試看。」

3. 鼓勵同伴間的互助合作。

4. 最後要有結束、收拾的儀式。

【觀察重點】

1. 觀察幼兒的參與興趣。

2. 觀察幼兒堆疊的動作技能。

3. 觀察與友伴互動情形。

【注意事項】

1. 注意盡量不左右幼兒的想法。

2. 只有在幼兒需要時再介入。

3. 提醒並制止幼兒把積木用來當攻擊、投擲物品。

示例二：目標模式遊戲活動

活動名稱	魔 術 動 物 園

【活動目標】

1. 加強運用肢體動作能力
2. 促進動作模仿能力
3. 強化頸肌耐力

【適用年齡】8 個月以上（至少會爬）

【環境準備】1. 爬行動物的圖片或書籍
2. 會發出聲響的樂器
3. 音樂帶

【活動方式】

1. 先拿出會爬行的動物圖片與幼兒討論圖片中動物的習性叫聲及爬行方式。
2. 媽媽可向幼兒說明，現在媽媽要帶你去一個魔術動物園，那裏有好多動物，只要聽到「噹」一聲，就可以變成另一種動物（或用手拍兩下）。
3. 問幼兒想當什麼動物，如：「小螞蟻」，可放音樂，先隨口令變化爬行動作，再隨性想像當各種動物。

【觀察重點】

1. 注意幼兒做爬行動作時，頭是否能抬起來。
2. 觀察幼兒是否能很快地轉接動作。

【注意事項】

不要強迫幼兒做某些動作，儘量用活動的趣味性引導。

四、帶領嬰幼兒遊戲的原則

1. 熟知嬰幼兒個性，了解其生活習性

　　每位嬰幼兒的個性不同，生活習性也不一樣，帶領遊戲時要先熟知嬰幼兒的個性，了解其生活習性，才能收到事半功倍的效果。

2. 配合嬰幼兒的作息

　　有些遊戲適合睡前進行，有些活動則要在精神狀況佳時才合適，不同的作息時間有其適合的遊戲活動。換句話說，若要將嬰幼兒遊戲活動帶得生動有趣，應選擇合宜遊戲，也需要配合嬰幼兒的作息。

3. 重視動機與興趣的啟發，不強求、不勉強

　　活動的趣味性及是否能引起學習者的學習慾望，是影響活動進行順利與否的關鍵。嬰幼兒的注意力短暫、耐性不足。遊戲活動動機與興趣的啟發，首先要引發嬰幼兒的好奇心，觀察其注意力，讓其發自內心主動想參與遊戲，那遊戲就成功一半了。

4. 考慮嬰幼兒的體能狀況

　　嬰幼兒除了不只是注意力短暫、耐性不足、能力較弱外，在體力上也不比大孩子，有時他還很興奮很想玩，但已經體力不支。如果讓其硬撐繼續玩，有時夜晚容易做惡夢，或半夜起來哭鬧。所以在帶領

嬰兒遊戲時，要特別注意其體能狀況，決定活動時間長短。

5. 視個別差異彈性調整活動時間、方式、內容

愈小的孩子個別差異性愈大，狀況也特別多，帶領活動時需能考慮各種因素適時彈性調整活動時間、方式、內容，就愈能使活動進行順利愉快。

五、引導嬰幼兒遊戲的態度

1. 觀察了解孩子的狀況

嬰幼兒很容易受生理因素的影響，使活動參與的意願降低，如：飢餓、尿濕、沒睡飽、身體不舒服……等。所以活動前應先觀察孩子的狀況，適當調整活動時間與內容。

2. 當孩子的朋友

很多人以為孩子還小，需要嚴加管教將來才不會變壞，而常採高壓政策。其實孩子愈壓將來反彈愈大，短時間內會覺得很有效，長期而言，個性較溫和的孩子易造成壓抑性格，個性較剛強的孩子則易形成叛逆性格。當孩子的朋友是尊重孩子的人權，教孩子以理性態度面對問題。

3. 放下身段參與遊戲

嬰幼兒的語言理解與表達能力有限，需要成人放下身段參與遊戲，讓孩子有直接模仿的對象，才容易帶動氣氛。也較能培養親子、師生間的感情。

4. 遊戲規則要簡單清楚，反覆叮嚀

愈小的孩子所玩的遊戲規則要愈簡單，三歲以前的孩子適合玩無規則性的遊戲，即使有也要很簡單；等待輪流的時間不能太長。還需要反覆的提醒，適時的增強。

5. 給予規範並解釋理由

盡可能讓孩子理解規範的理由，有助孩子對規範的遵守，愈大的孩子愈需要清楚的說明，語言理解能力不足的孩子可藉助動作說明。

6. 以正面的提示代替禁止用語

一直告訴孩子「不可以這樣」、「不可以那樣」，只是消極的禁止，並沒有辦法讓他學到該怎麼做。建議以正面提示，如以「趕快坐下來」代替「不要爬到桌子上」。

7. 給孩子足夠的遊戲時間

當你專心做一件事，中途被打斷時是否很懊惱？孩子也一樣。當他玩的正高興時，要他回家或做別的事，很容易引起情緒反彈。事先的提醒與足夠的遊戲時間，是讓孩子盡興的方法。

8. 不讓孩子離開視線範圍

不要以為只離開一下下應該不會有事，但很多意外事件就是這樣發生的。所以無論何時，不要讓孩子離開你的視線範圍，除非你找到適當的替代者，暫時能代分勞。

9. 知道何時說「不可以」

有時孩子會突然做出傷害自己或別人的事，這時只有快速禁止才能阻止事情的發生。

第五章

促進嬰幼兒
基本動作發展的遊戲與教具

一、頸部定位、翻轉身、
　　匍匐前進
　　　（零至六個月）
二、坐、爬、站及姿勢改變
　　　（六個月至一歲）
三、走、跑、上下樓梯、
　　踢球
　　　（一至二歲）
四、跳、攀爬、騎乘
　　　（二至四歲）

頸部定位、翻轉身、匍匐前進
1. 小蝸牛
2. 海盜船
3. 烤煎餅
4. 包春捲
5. 壓路機

坐、爬、站及姿勢改變
1. 不倒翁
2. 小蝦米大鯨魚
3. 爬樓梯
4. 魔術動物園

走、跑、上下樓梯、踢球
1. 我會推拉車
2. 過獨木橋
3. 彎彎路

跳、攀爬、騎乘
1. 拍蚊子
2. 小猴子
3. 我是小騎士

嬰兒出生的頭一年，最重要的發展工程就是建立基本的動作能力，包括抬頭→翻身→扶坐→獨坐→爬→站→走。第二年從走到跑、簡單的跳躍動作，第三年可以雙腳跳、騎三輪腳踏車、投擲球……等，第四至第六年就能發展出頗複雜的動作，如：單腳跳、丟接球、曲線跑……，這時有關日常生活所需的動作能力，就接近完成了。

　　基本的動作能力是一切學習的基礎，每一個動作發展的里程，就帶領孩子向寬廣的世界更邁進一步。躺著到坐著的視野，爬到走的探索世界，能跑能跳的空間，這種能力與眼光，心胸的開闊，讓孩子的未來展現出更多的活力與無限的可能。

一、頸部定位、翻轉身、匍匐前進
（零至六個月）

　　零至六個月的嬰兒在動作發展上重要的課題是如何保持頸部的穩定度、抬頭、翻身、匍匐前進。以下是有關這階段的發展動作說明。

　　「自我評量」的「1」表示經常如此，「2」表示常常如此，「3」表示偶爾如此，「4」表示做不到；「發展常模參考（月）」是我國嬰幼兒姿勢改變與移動身體能力的發展常模參考，如50%下的2.0表示我國內兩個月大的嬰幼兒有百分之五十能做到此項目。95%下的2.9表示我國內2.9個月大的嬰幼兒有百分之九十五能做到此項目。

動作項目	自我評量 1 2 3 4	發展常模參考(月) 5%	50%	95%
• 頸部定位、支撐上身				
1. 抱起時頭部穩定	□□□□		2.0	2.9
2. 抱起時頭部能保持平衡	□□□□		2.7	4.3
3. 俯臥時，寶寶能將頭稍抬高	□□□□		2.0	3.8
4. 俯臥時，寶寶能將頭舉高90度	□□□□	1.7	3.5	4.9
5. 俯臥時，寶寶能以手支持胸部舉起	□□□□	2.7	3.9	6.0
6. 在扶持下能坐穩	□□□□			3.1
• 翻轉身				
1. 能由側臥姿轉成仰臥姿	□□□□			2.7
2. 能由仰臥姿轉成側臥姿	□□□□	3.2	5.4	7.7
3. 能由仰臥姿轉成俯臥姿	□□□□	4.4	6.5	8.9
• 匍匐前進				
1. 俯臥時有爬行動作	□□□□	2.0	3.4	4.8
2. 匍匐前進	□□□□	5.0	6.9	9.0

註：此常模摘自蘇建文等　民76，77　貝萊嬰兒發展量表常模的建立㈠㈡

活動名稱	小　蝸　牛

【活動目標】

1. 促進頸部的穩定度
2. 加強頸肌耐力
3. 增進上半身支撐的力量

【適合年齡】2～5個月

【環境準備】1. 軟墊地板
　　　　　　2. 目標物

【活動方式】

1. 讓寶寶俯臥，以鈴聲玩具、燈光、奶瓶、食物等，吸引其抬起上半身注視目標物。
2. 將目標物放在其伸手可及之處，鼓勵他伸手抓握。
3. 在和寶寶玩時，可邊唸兒歌「小蝸牛！小蝸牛！屋子揹著走！沒有什麼，伸出外頭，碰到什麼，縮進裡頭。」

【觀察重點】

1. 觀察幼兒抬頭的姿勢，包括角度、穩定度。
2. 觀察幼兒抬頭的持久度。
3. 觀察幼兒是否會伸手想抓目標物。

【注意事項】

1. 目標物要無銳角，不要太大或太小。
2. 可在餵奶前、睡醒時或精神較好時做此活動。

活動名稱	海　盜　船

【活動目標】

1. 增進上半身支撐的力量
2. 身體平衡的經驗
3. 活動身體的愉悅經驗
4. 促進親子感情

【適用年齡】 2個月～1歲

【環境準備】 平面安全地板

【活動方式】

1. 寶寶與成人面對面，成人一手托在寶寶的大腿腹股溝處，另一隻手托在後頸處。
2. 像坐兒童樂園的海盜船一樣，將寶寶以搖船的幅度擺盪，先小幅度開始，漸漸拉大幅度，速度也可以由慢而快。

【觀察重點】

1. 觀察寶寶的頸部是否能撐起？
2. 觀察寶寶被搖晃時，情緒是興奮？還是害怕？若寶寶覺得害怕就減小幅度。

【注意事項】

請在安全的地板上進行，以防萬一失手。

活動名稱　　烤　煎　餅

【活動目標】

1. 經歷翻身的經驗
2. 增進身體協調能力

【適用年齡】 3個月～1歲

【環境準備】 軟墊地板

【活動方式】

1. 先帶孩子唸兒歌「烤煎餅」：

　　「來來來！烤煎餅！

　　　煎餅圓！煎餅香！

　　　烤個煎餅脆又香！」

2. 請幼兒當煎餅，爸爸（或媽媽）拉著幼兒的一手一腳（拉握手臂及大腿部位），一邊唸兒歌，一邊順勢將寶寶翻轉身（由仰臥變趴臥）。

3. 翻過一面後，換拉另一邊手和腳，再翻回來（由趴臥變仰臥）。

【觀察重點】

1. 觀察寶寶被提起來時，頭是否能抬起來。
2. 觀察做此活動時，寶寶的情緒如何。

【注意事項】

1. 拉握幼兒的手腳時，注意不要拉手腕及腳踝處，以免不慎拉傷。
2. 放下翻轉時，要輕放。

活動名稱	包　春　捲

【活動目標】

1. 提供身體觸覺刺激
2. 經歷翻滾經驗

【適用年齡】0個月～3歲

【環境準備】床單、被單或毛巾被
　　　　　　（擇一即可）

【活動方式】

1. 讓寶寶躺在床單或毛巾被上，只露頭在外面，像包春捲一樣滾捲起來。
2. 拉住被子的一邊，讓寶寶滾出被單外。

【觀察重點】

1. 觀察嬰幼兒是否喜歡此活動。
2. 觀察嬰幼兒是否能順勢自行滾翻。

【注意事項】

1. 最好選在通鋪式的床上或在地板上鋪上軟墊。
2. 可利用睡前或睡醒時做。

活動名稱	壓　路　機

【活動目標】

1. 提升頸肌張力
2. 增進上半身支撐力
3. 移動身體的經驗

【適用年齡】 9個月～2歲

【環境準備】 長形軟質圓滾筒
　　　　　　（一人一個）

【活動方式】

1. 讓孩子俯臥，將長形軟質圓滾筒放置在胸部下面，雙手趴放前面。
2. 父母或老師在前面握住寶寶的雙手，引導寶寶利用滾筒移動身體，當滾筒移至寶寶腳部時，順手抱起寶寶親一下，轉一圈。
3. 姿勢同第一項，在寶寶伸手可及前面一點的地方放個小玩具，吸引寶寶移動身體抓取，父母或老師在前面引導鼓勵寶寶往前試試。

【觀察重點】

1. 觀察把寶寶放在滾筒上時，是否能撐起頭？持續穩定度如何？
2. 觀察寶寶是否自行利用滾筒移動身體。

【注意事項】

1. 做此活動時一定要有成人在一旁觀察。
2. 盡量採漸進式鼓勵。

二、坐、爬、站及姿勢改變
（六個月至一歲）

六個月至一歲的嬰兒在動作發展上重要的課題是學習從坐、爬、站、走及各種姿勢的改變。以下是有關這階段的發展動作說明。

動作項目	自我評量				發展常模參考(月)		
	1	2	3	4	5%	50%	95%
• 坐姿							
1. 單獨坐三十秒	☐	☐	☐	☐	4.4	6.2	7.9
2. 單獨坐得很穩	☐	☐	☐	☐	5.2	6.8	8.6
• 爬行							
1. 匍匐前進	☐	☐	☐	☐	5.0	6.9	9.0
2. 用手與膝蓋爬行	☐	☐	☐	☐	6.1	7.6	10.3
3. 用四肢爬行	☐	☐	☐	☐	7.4	10.0	13.3
• 站立							
1. 能扶物站立	☐	☐	☐	☐	5.0	6.9	8.9
2. 單獨站立	☐	☐	☐	☐	8.9	10.9	14.7
• 行走							
1. 做踏步動作	☐	☐	☐	☐	6.2	8.4	11.2
2. 扶持行走	☐	☐	☐	☐	6.6	9.1	11.6
3. 單獨走	☐	☐	☐	☐	9.7	12.0	14.9
• 姿勢改變							
1. 由仰臥到坐起	☐	☐	☐	☐	6.3	8.8	11.5
2. 扶著家具站起來	☐	☐	☐	☐	6.3	8.8	11.5
3. 坐下	☐	☐	☐	☐	8.2	10.9	14.0
4. 單獨站起	☐	☐	☐	☐	9.7	11.6	15.7

註：此常模摘自蘇建文等（民76，77）貝萊嬰兒發展量表常模的建立㈠㈡

活動名稱　　不　倒　翁

【活動目標】

1. 提供前庭平衡覺刺激
2. 提供身體觸覺刺激
3. 提升頸肌耐力
4. 促進親子感情

【適用年齡】 3個月～3歲

【環境準備】
1. 木板地
2. 軟墊地板

【活動方式】

1. 把嬰兒抱坐在腹部，雙手抱住嬰兒，如下圖。

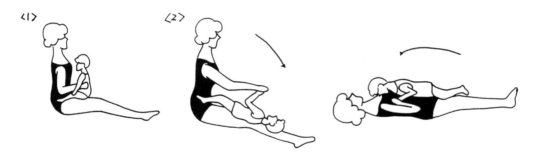

2. 大人做仰臥起坐，孩子隨著大人也如不倒翁式前後擺動。
3. 做此動作時，可隨口唸唱不倒翁的兒歌：「說你呆，你很呆，鬍子一把像個小小孩。說你呆，你不呆，推你倒下，你又站起來！」
4. 也可以唸唱彼此熟悉的任何兒歌。
5. 次數隨意，視個人體力而定。

【觀察重點】

　1. 先讓嬰兒俯臥地板上，觀察
　　 其是否會自己抬舉頭來。

　2. 能夠獨立抬頭的孩子可抓住
　　 嬰兒的雙手做此動作。

【注意事項】

　1. 還不會獨立仰頭的嬰兒要特別
　　 注意保護其頭部安全。

　2. 嬰兒趴臥大人胸膛時，大人腳
　　 彎曲，等坐起後，讓嬰兒頭靠
　　 著成人的腳，慢慢滑躺下去。

活動名稱　　小蝦米大鯨魚

【活動目標】

1. 體驗各種姿勢轉換經驗
2. 增進身體敏捷反應能力

【適用年齡】 6個月以上

【環境準備】 安全地板

【活動方式】

1. 幫寶寶縮緊身體，邊唸「縮起來！小蝦米！」幫寶寶伸展身體，邊唸「伸開來！大鯨魚！」（6個月以上）

2. 讓寶寶坐著，縮緊身體，邊唸「縮起來！小蝦米！」，同樣坐姿，但打開手腳伸長，邊唸「伸開來！大鯨魚！」（8個月以上）

3. 媽媽蹲下抱緊身體，鼓勵寶寶模仿，邊唸「縮起來！小蝦米！」媽媽從蹲姿改成站姿，並協助寶寶站起來，邊唸「伸開來！大鯨魚！」（會站以後）

【觀察重點】

1. 觀察寶寶是否能聽指令反應正確動作。
2. 觀察寶寶動作姿勢變化的反應時間。

【注意事項】

1. 做此活動之前應先檢查地板與周圍是否有雜物或尖銳物品，若有，應先收乾淨。
2. 視寶寶的發展能力做動作，不要勉強。

活動名稱	爬　樓　梯

【活動目標】

1. 增進爬的能力
2. 增進運用手腳、協調身體
　的能力

【適用年齡】 10個月～1歲半

【環境準備】 安全樓梯或小型綜合
　　　　　　遊樂器材

【活動方式】

1. 樓梯對會爬的孩子有很高的吸引力，所以提供一個安全的爬樓梯
　環境，並在孩子攀爬時在一旁看護，就是一個最好的發展活動。
2. 若家中無樓梯，可以安置一些穩固安全的短櫃、小滑梯或帶至特
　別為幼兒設的遊樂場，讓他體會一下爬樓梯的樂趣。

【觀察重點】

觀察幼兒爬樓梯的動作，如：
頭是否能撐起，身體是否能保
持平穩？

【注意事項】

1. 樓梯周圍的欄杆是否太寬？幼
　兒是否能伸出頭手？（若太寬
　則不適宜讓幼兒爬）
2. 樓梯地面是否有尖銳物？要先
　收拾乾淨。
3. 當嬰幼兒攀爬時，要在後方保
　護。

活動名稱	魔 術 動 物 園

【活動目標】
1. 加強運用肢體動作能力
2. 促進動作模仿能力
3. 強化頸肌耐力

【適用年齡】0歲8個月（會爬以上）
【環境準備】1. 爬行動物的圖片或
書籍
2. 會發出聲響的樂器
3. 音樂帶

【活動方式】
1. 先拿出爬行動物的圖片與幼兒討論圖片中動物的習性、叫聲及爬行方式。
2. 媽媽可向幼兒說明，現在媽媽要帶你去一個魔術動物園，那裏有好多動物，只要聽到「噹」一聲就可以變成另一種動物（或用手拍兩下）。
3. 問幼兒想當什麼動物，如「小螞蟻」，可放音樂，先隨口令變化爬行動作，再隨性想像當各種動物。

【觀察重點】

1. 注意幼兒做爬行動作時，頭是否能抬起來。
2. 觀察幼兒是否能很快轉接動作。

【注意事項】

不要強迫幼兒做某些動作，儘量用活動的趣味性引導。

三、走、跑、上下樓梯、踢球
（一至二歲）

　　一至二歲的嬰兒在動作發展上重要的課題是行走、跑步、上下樓梯、踢球等。以下是有關這階段的發展動作說明。

動作項目	自我評量 1 2 3 4	發展常模參考(月)A 5%	50%	95%E
• 行走				
1. 單獨走	□□□□	9.7	12.0	14.9D
2. 橫走	□□□□	10.9	13.8	20.1D
3. 倒走	□□□□	11.0	14.1	20.2D
4. 踩粉筆線走	□□□□	13.3	22.9	28.2D
• 跑步		(10%)	(50%)	(90%)D
1. 會跑但跑不穩	□□□□	14.0	15.2	17.7D
2. 會跑也能控制	□□□□	15.6	18.3	20.7C
• 上下樓梯		5%	50%	95%
1. 扶持上樓梯	□□□□	10.3	15.7	21.4D
2. 扶持下樓梯	□□□□	12.2	17.2	22.3D
3. 獨自上樓梯（雙腳同一階梯）	□□□□	14.5	22.4	29.8D
4. 獨自下樓梯	□□□□	15.1	23.4	29.8D
• 踢球		(10%)	(50%)	(90%)D
1. 用腳踢球	□□□□	15.0	16.7	21.2E

註：此常模摘自蘇建文等（民76，77）貝萊嬰兒發展量表常模的建立㈠㈡(10%)(50%)(90%)此部分數據摘自李丹（民77）：兒童發展，五南出版社，第一二九頁。

活動名稱　我會推拉車

【活動目標】
1. 學習控制身體力量去推物
2. 體驗拉物的力道與訣竅
3. 增進手部肌肉張力
4. 增進身體協調能力

【適用年齡】0歲10個月以上
【環境準備】安全抓車或重心較穩的椅子

【活動方式】

1. 剛會站立的寶寶，喜歡推物（車）走路，市面上有許多具安全性的手推車，或利用家中重心較穩的椅子，讓其推拉。只是要注意其推拉的姿勢若不對，有可能跌倒受傷。

2. 學走路的時間很短，選擇推拉車，最好能具多種功能；以能重新組裝者為佳，以免浪費，也避免造成家中廢置物的堆積。

3. 二、三歲的寶寶可以由大人握住其雙腳，讓他當手推車前進行走。

【觀察重點】

1. 觀察寶寶的推拉姿勢是否正確。

2. 寶寶在未學會獨自走穩前，請勿讓他拉車，應鼓勵其推車。

3. 先試試看讓寶寶手撐地，肚子懸空，腳被托起，是否能持續 3 分鐘。若可，再進行第 3 項活動。

【注意事項】

1. 注意地面是否有突出物。

2. 推車或推椅的安全性與穩定度要先觀察過，以免寶寶不小心在推拉中跌倒受傷。

活動名稱	過 獨 木 橋

【活動目標】

1. 促進身體平衡力
2. 增進身體的控制力

【適用年齡】 1歲5個月以上

【環境準備】 有色膠帶一條

【活動方式】

1. 先在地板上畫或貼一條線，想像是個獨木橋。
2. 先用爬的方式爬過去。
3. 用腳尖接腳跟的方式走過去。
4. 側著身子學螃蟹走路，走過橋。
5. 倒著身子沿著線，往後走。
6. 學各種動物走路方式，過獨木橋。
7. 等寶寶在平地的獨木橋能走穩了，就可以帶到戶外或室內架高的平均台上練習平衡走路了。
8. 亦可練習閉眼走平面獨木橋。

【觀察重點】

1. 觀察寶寶走路是否有不平衡現象。
2. 注意寶寶走路的姿勢是否正確。

【注意事項】

1. 不要用有椅背的小椅子，容易因重心不穩而翻倒。
2. 難度要循序漸進，不能一下子就做高難度動作。

活動名稱	彎　彎　路

【活動目標】

1. 增進走、跑、跳的動作機能
2. 促進敏捷反應力

【適用年齡】10個月～3歲

【環境準備】拖鞋數雙或雙色腳印

【活動方式】

1. 牽手走彎路：

   當寶寶會站，能牽著媽媽的手走路時，可在家裏客廳無物的地面上擺拖鞋，由媽媽帶著跨步走、蛇行走。

1.

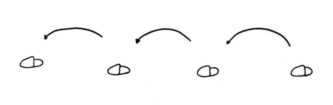

2.

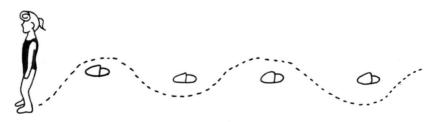

2. 獨自走彎路：
   等寶寶能獨立走穩後，也可如上圖擺上障礙物，讓寶寶學走彎彎
   路。
3. 小白兔跳跳跳：
   等會雙腳跳後，同上法，改用雙腳跳，更大後，還可用單腳跳。
4. 圓圈圈：
   亦可將鞋擺成圓圈，繞著走、跳、蛇行均可。

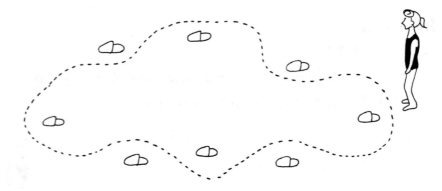

5. 若用雙色腳印，還可以練習左右手腳的對應及提早在爬行時練
   習。

【觀察重點】
觀察走、跑、跳時會不會動作
不穩或絆倒。

【注意事項】
注意不要讓寶寶拿拖鞋放入口中
當咀嚼玩具。

四、跳、攀爬、騎乘（二至四歲）

　　二至四歲的嬰兒在動作發展上的重要課題是跳、攀爬、騎乘等。以下是有關這階段的發展動作說明。

動作項目	自我評量				發展常模參考（月）A		
	1	2	3	4	5%	50%	95%E
• 跳躍							
1. 雙腳跳離地面	□	□	□	□	19.2	30＋	30＋
2. 雙腳跳離地面八吋	□	□	□	□	25.1	30＋	30＋
3. 雙腳往前跳四至十四吋	□	□	□	□	15.7	26.6	30＋
4. 跳下一層樓梯	□	□	□	□	24.3*	29.1*	34.4*
• 攀爬							
1. 雙腳交替上樓梯	□	□	□	□	22.4	30＋	30＋
2. 雙腳交替下樓梯	□	□	□	□	30＋	30＋	30＋
3. 雙腳交替攀爬	□	□	□	□			
• 騎乘							
1. 腳推騎三輪車	□	□	□	□			
2. 腳踏騎三輪車	□	□	□	□			

註：此常模摘自蘇建文等（民76，77）貝萊嬰兒發展量表常模的建立㈠㈡。標＊號表
　　(10%)(50%)(90%)此部分數據摘自李丹（民77）：兒童發展，五南出版社，第一二九頁。

【活動目標】

1. 奠定跳躍的基礎

2. 促進雙臂協調能力

3. 提升身體協調力

【適用年齡】3個月～3歲

【環境準備】無

【活動方式】

1. 抱住寶寶並抓握寶寶的手，一手張，一手只伸出食指，媽媽口唸：「點點蟲蟲飛（食指在張開的手上做點狀）！蟲子蟲子一大堆（雙手做張臂狀）！拍蟲蟲（往空中拍手）！一隻（拍一下）、兩隻（再拍一下）。」（適會走路以前）

2. 會走路後，可以讓寶寶自己做動作，鼓勵其往上跳拍蚊子（其餘步驟同一）。

【觀察重點】

觀察寶寶是否能雙手準確地對在一起拍手。

【注意事項】

等寶寶會走穩路後再鼓勵孩子做第二步驟。

活動名稱	小　猴　子

【活動目標】　　　　　　【適用年齡】2歲以上
1. 增進攀爬能力　　　　　【環境準備】軟墊地板
2. 提升手肌抓力

【活動方式】

1. 先和幼兒討論猴子的習性，如何爬樹等，如果可能，可先到動物園或看錄影帶，觀察猴子的動作。
2. 請爸爸伸出有力的臂膀當大樹，寶寶當小猴子，懸掛在樹上。
3. 爸爸可以慢慢搖動手臂。
4. 鼓勵寶寶將手移動，攀爬至爸爸的身體。
5. 最後爸爸抱著小猴子轉圓圈。

【觀察重點】　　　　　　**【注意事項】**

1. 觀察寶寶是否能抓牢爸爸的　　做此活動前先觀察地面是否有尖
　 手臂。　　　　　　　　　　銳物，以防幼兒支撐不住掉到地
2. 觀察寶寶是否能從爸爸的手　　面受傷。
　 臂移到爸爸的身體。
3. 觀察寶寶懸吊的時間長度。

活動名稱　我是小騎士

【活動目標】
　1. 增進方向、速度感
　2. 鍛鍊腳肌耐力
　3. 提供關節、肌肉的刺激力量

【適用年齡】1歲2個月～3歲
【環境準備】三輪腳踏車

【活動方式】
　1. 夢幻騎士：成人與寶寶一起躺在地板上想像自己騎了一輛腳踏車，將腳抬起，在空中練習踩踏動作，速度可由慢漸快。
　2. 推車學步：有的三輪腳踏車後面有推把，可做為學步的推車。
　3. 坐在三輪車上，雙腳踩在地上，利用腳往後推的力量前進。
　4. 坐在三輪車上，將腳踏在踏板上，雙腳一前一後循環踩踏前進。

【觀察重點】
　1. 幼兒先會用腳推地讓車子往前進，才會腳踏踏板前進。
　2. 觀察寶寶坐在三輪車上，踩踏踏板的動作是否正確？

【注意事項】
　1. 踩踏三輪車最好等幼兒會自己走動後，再練習。
　2. 第一步驟活動可先練習。

第六章

促進嬰幼兒
身體動作發展的遊戲與教具

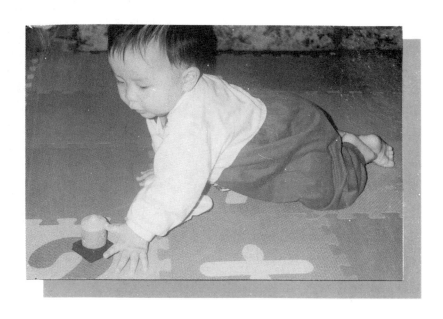

身體形象的認知	動作模仿能力
1. 合攏張開	1. 說哈囉
2. 萬能強力膠	2. 模仿鏡
3. 踩影子	3. 親子蹺蹺板

身體協調能力	手眼協調／精細動作
1. 磨豆漿	1. 拇指食指對對碰
2. 球兒滾滾滾	2. 疊疊樂
3. 打保齡球	3. 打大麥
	4. 我是小釣手
	5. 我是小工匠

一、身體形象的認知

　　身體形象的認知是自我概念形成的基礎。初生的嬰兒對自我身體形象的知覺是模糊的，透過探索、接觸，才會慢慢覺知到：原來這是我的手，它可以用來抓東西、取食物；這是我的眼睛，它可以看見其他物體……。這些概念的形成是因為大人不斷地在他伸出手時，告訴他：來！來！用你的小手抓！來看看！這是你的臉！眼睛在這裡，這是嘴巴！來！眼睛看媽媽這邊！要照相了！……這種不斷用語言、身體探觸與實物探索的聯結，正是建構嬰幼兒對自我身體形象認知的最佳觸媒。記住：「羅馬不是一天造成的」，嬰幼兒對自我身體形象認知的形成，也是日積月累的。

活動名稱	合 攏 張 開

【活動目標】

　1.增進嬰兒對身體形象的
　　認知

　2.促進身體的協調動作

【適用年齡】1個月以上

【環境準備】無

【活動方式】

　1.成人仰躺，讓嬰兒跨坐在成人的腿上，成人坐起協助嬰兒仰躺，
　　拉起其小手，幫助他拍拍手，邊唸「拍手！拍手！拍拍手！」

　2.拉嬰兒坐起來，再躺下去，然後邊唸：

　　「合攏」：將其雙手合掌拍擊；

　　「張開」：把雙手打開平放，可反覆上述動作。

　3.重複前述動作，同樣唸「合攏張開」，但改變動作：

　　「合攏」：握住嬰兒雙拳；

　　「張開」：協助嬰兒打開雙掌。

　4.同上述動作，可改成用小腳做。

5. 教唱合攏張開兒歌：「合攏張開！合攏張開！小手拍一拍！（再重複一次）爬呀！爬呀！爬到腳趾上（重複前述歌詞，後面改爬到膝蓋、大腿、肚子、胸膛、脖子、嘴巴……頭髮）。」一面唱一面做動作（適合 2 歲以上幼兒）。

【觀察重點】

1. 做幾次後，不協助幼兒，觀察幼兒是否能隨口令做動作。

2. 觀察嬰兒做親子仰躺起坐時，頭是否能維持抬舉動作。

【注意事項】

1. 注意抱嬰兒躺下時，頭不要碰到地面。

2. 鼓勵幼兒頭呈微仰姿勢。

活動名稱	萬 能 強 力 膠

【活動目標】

1. 認識身體各部位的名稱
2. 知覺身體各部位的功能

【適用年齡】 1歲6個月以上

【環境準備】 無

【活動方式】

1. 媽媽把手伸出來，放在寶寶頭上，說：「哇！黏住你的頭了！」可故意裝著拔不起來，「唉呀！怎麼拔不起來！」然後再黏其他部位。
2. 與寶寶對坐，媽媽示範各種轉動頭的動作，最後故意不小心，把頭與寶寶的頭黏住了。
3. 換另一部位延續步驟2的程序。
4. 讓寶寶主動出擊，說出身體各部位名稱。
5. 可同時黏住二至三個部位。

【觀察重點】

1. 觀察寶寶是否會模仿說出身體部位名稱。
2. 觀察寶寶能不能主動出擊。

【注意事項】

先由大人示範說出身體部位名稱，再鼓勵寶寶說。

活動名稱	踩　影　子

【活動目標】

1. 提供速度與方位的體驗
2. 增進身體控制能力
3. 辨認身體部位

【適用年齡】 2歲以上

【環境準備】 無

【活動方式】

1. 選擇平坦無突出物的廣大地面，時間最好是在陽光較偏斜的時刻，且能明顯看到地上的影子。
2. 媽媽（或成人）先主動去踩寶寶的影子，如踩到頭就說：「哇！我踩到你的頭！」「我踩到肚子！」
3. 請寶寶來踩媽媽的影子，媽媽先別動，讓幼兒一一辨識影子各部位的名稱。
4. 開始追逐踩對方的影子，並說出踩到身體部位的名稱。

【觀察重點】

1. 等寶寶能跑穩後再玩此活動。
2. 觀察寶寶會不會追逐別人的影子，或主動去踩別人的影子。

【注意事項】

此活動適合在有陽光的草地上進行。最好有三、四位小孩更好玩。

二、動作模仿能力

　　動作模仿能力是視覺辨識、視覺追視、視覺記憶與動作能力的最佳拍檔演出。其中一項能力缺失或不良都會影響動作模仿能力的發展。而動作模仿能力又是許多複雜、精細動作發展能力的基礎，如：體操、跳舞、戲劇、音樂演奏，甚至日常的書寫動作……等都需運用到動作模仿能力。

　　透過遊戲、活動可以促進動作模仿能力的發展，但如果發覺孩子老是模仿不來或動作笨拙，可能需要溯本追源，找出其導致原因所在，如：是否有視力或視覺功能問題（包括：視覺辨識、視覺追視、視覺記憶……）？或者是基本動作能力發展不佳等，回到根本問題，加強該能力的培養，自然就能增進動作模仿能力，而不是強迫性地要求其枯燥地反覆練習，這樣雖然可以增進其某項模仿能力，但也可能抹滅其學習興趣，且下回另一個複雜動作仍需從頭開始。

活動名稱	說　哈　囉

【活動目標】

1. 促進聽動知能發展
2. 提升敏捷反應能力
3. 增進動作模仿能力

【適用年齡】1歲6個月以上

【環境準備】無

【活動方式】

1. 先教寶寶唱「說哈囉」兒歌：

「你很高興，你就說哈囉！哈囉！你很高興，你就說哈囉！哈囉！大家一起唱呀！大家一起跳呀！圍個圓圈一起說哈囉！」

2. 第二次以後唱時，可以將「說哈囉」改換「搖搖頭」或「點點頭」、「拍拍手」、「踏踏腳」，一邊唱、一邊做動作。
3. 可由寶寶指名做動作，由他示範做動作，其他人模仿。

【觀察重點】

1. 觀察寶寶是否能聽指揮改變其動作。
2. 觀察寶寶是否能主動提出意見，做示範動作。
3. 觀察寶寶模仿動作的反應時間與正確姿勢。

【注意事項】

等寶寶能精熟活動步驟後，再加入長串連續動作的模仿。

活動名稱	模 仿 鏡

【活動目標】

　1. 經驗相對的左右方位

　2. 促進動作模仿能力

【適用年齡】 2歲以上

【環境準備】 穿衣鏡一面

【活動方式】

　1. 媽媽、寶寶均面對鏡子做出各種動作。

　2. 請寶寶面對媽媽，同樣做出剛才的照鏡子動作，媽媽當鏡子反映寶寶的動作。

　3. 輪到寶寶當鏡子，要模仿媽媽的動作。

【觀察重點】

　1. 觀察幼兒是否發現鏡子裏自己的左右手位置和真正的自己的左右手位置剛好相反。

　2. 觀察幼兒在做模仿動作時，是否會注意用相同位置的手腳。

【注意事項】

　如果寶寶做錯，請勿指責，只要提醒他就好了。

活動名稱	親子蹺蹺板

【活動目標】

1. 增進肢體運用計畫能力
2. 促進動作模仿力

【適用年齡】 2歲～3歲

【環境準備】 無

【活動方式】

1. 媽媽與寶寶面對面，手牽手，當一邊站著時，另一邊就要蹲下去，像個蹺蹺板一樣，可以一邊唱歌，一邊做動作。

2. 兩人對坐，媽媽的腳將寶寶的腳套在內層，雙手拉好，一個往後躺，另一個就往前傾，如此一來一往就像蹺蹺板一樣。

3. 兩人面對面，做蹺蹺板動作，也可當小飛機，一邊高，一邊低，由慢而快。

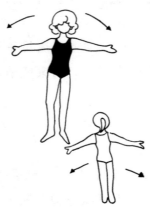

4. 可配合兒歌音樂做上述動作。

【觀察重點】
1. 觀察寶寶是否能配合動作，做出高低姿勢。
2. 面對面模仿時是否有左右相反的動作。

【注意事項】
注意兩人之間的距離，不要拉傷幼兒。

三、身體協調能力

　　人有一種本能：跌倒時，手會先去撐地，保護頭部，這是身體協調能力發展的結果。一個身體協調能力不良的孩子，就可能常常摔得鼻青臉腫。有一些受過特別體能訓練的人，其身體協調力特佳，常常可能在意外發生的時候，發揮功能，救自己一命。所以，身體協調能力也可以說是自我保護的基本能力。

　　身體協調能力可說是一種綜合的能力，需要身體各方面通力合作配合，如要保持身體在移動過程不隨意晃動，必須視覺辨識、內耳平衡、肢體動作協調……等共同完成，你不妨試試看，閉上眼睛，摀住耳朵走路，是否感覺到整個身體協調似乎不較先前靈活。不過，練習與運用也是增進身體協調能力的方法，如身體有缺陷的人，在經過一陣子的特別訓練，可能也可以發展出不錯的協調力（當然其需具備基本的動作能力）。

　　所以多提供孩子豐富的探索環境，引發其學習練習興趣，加上活動的設計安排，相信將有助身體協調能力的發展。

活動名稱	磨　豆　漿

【活動目標】

1. 促進身體協調運用能力
2. 提供身體觸覺刺激

【適用年齡】 3個月～3歲

【環境準備】 無

【活動方式】

1. 讓嬰兒仰躺，或由大人抱坐在膝上。
2. 大人用手抓住嬰兒的雙腳，讓雙腳的腳掌相對。
3. 使嬰兒雙腳掌如磨豆漿狀，口唸：「磨豆漿啊！磨豆漿啊！豆漿一碗多少錢？」當唸到錢時，就把嬰兒的雙腳掌往外翻。
4. 媽媽握住嬰兒的腳往左右搖擺，一口唸「一塊錢」「兩塊錢」……「十塊錢」。
5. 最後，媽媽抱著嬰兒躺下。
6. 重複 1 至 5 的活動。

【觀察重點】

一歲以上的幼兒可無意間問他說：「磨豆漿！」觀察他是否會抬舉起雙腳，準備做動作。

【注意事項】

抓握寶寶手腳時，請注意手腕力道、姿勢，不要傷及幼兒。

活動名稱	球 兒 滾 滾 滾

【活動目標】

1. 增進視動協調能力
2. 促進眼球追視能力
3. 加強身體協調運用能力

【適用年齡】 0歲8個月以上

【環境準備】 球一個

【活動方式】

1. 拿出一顆球讓寶寶抱抱球，用球在寶寶身上滾滾滾，先讓寶寶熟悉球。

2. 媽媽（或爸爸）拿球，故意掉落，說：「哇！球掉了！」鼓勵寶寶去追球。

3. 當寶寶抱住球時，你也可同時環抱他，感受一下親子間的親密感。

4. 鼓勵寶寶放掉球，然後你在一旁配音：「哇！球掉了！」「走！我們去追追追！」

5. 與寶寶對坐，把球滾向寶寶，鼓勵寶寶把球推給你，玩滾球遊戲。

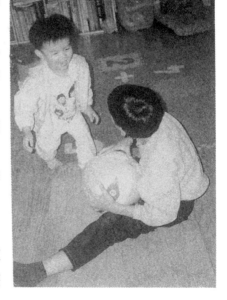

6. 當球跑掉後，寶寶追到球後可順勢讓寶寶趴在球上，你在一旁幫他搖晃身體。告訴他：「球球累了要休息，寶寶也要休息。」

【觀察重點】

1. 觀察寶寶看到球滾走時會不會主動去追球。

2. 接球時，寶寶是否很容易瞄準抱住。

【注意事項】

1. 球的大小以寶寶易抱住的程度為佳，室內以平滑、有彈性、輕巧型較好。

2. 地面要注意收拾乾淨，不要讓寶寶有機會隨地取食或絆倒。

活動名稱　　打　保　齡　球

【活動目標】

1. 增進視動協調能力
2. 促進身體動作協調運用
   能力
3. 提升手腕運用靈活度

【適用年齡】2歲以上

【環境準備】保齡球玩具一組

【活動方式】

1. 把球瓶當搖鈴，成人拿兩個，
   寶寶拿兩個，配合兒歌或節奏
   明顯的音樂，隨之搖動球瓶。
2. 成人與寶寶對坐，只拿出球，
   用滾的方式，來回滾出、接
   球。
3. 排好球瓶，並練習數數。

4. 練習滾打保齡球。
5. 每次打完球，讓寶寶數數看打中幾個球瓶。

【觀察重點】

1. 觀察寶寶打球時眼光是否會
   注視目標。
2. 觀察寶寶的眼球是否會隨球
   的滾動而轉動。

【注意事項】

選擇保齡球具要注意其安全性，
易斷裂或有尖銳突出物均不適
合。

四、手眼協調／精細動作

　　身體動作的發展原則是由上而下，由內往外，手眼協調／精細動作就是屬於下與外的部分，是比較後續發展的動作，也是較精細／複雜的動作。如果基礎的身體動作、協調等能力未發展好，手眼協調／精細動作就難有較佳的表現。而細部的手眼協調／精細動作未發展良好，入小學後的讀寫等課業學習能力就會受到影響。因為精細動作不只是細部的肌肉運動能力而已，其還需運用到視覺動作之間的協調，所以如果發現孩子在適當年齡，可是其手眼協調／精細動作表現未能達到適齡標準，建議除在這部分活動多些練習外，基本的動作能力亦要加強練習。

活動名稱　　拇指食指對對碰

【活動目標】

1. 促進手指的靈巧度
2. 提升視動協調能力
3. 增延動作模仿能力

【適用年齡】 3個月～3歲

【環境準備】 無

【活動方式】

1. 媽媽（或爸爸）手握寶寶的大拇指，幫他將兩手的大拇指碰在一起，並口唸「大拇指！大拇指！對對碰！」反覆由慢到快。
2. 換食指重複步驟1，再換中指、無名指、小指。
3. 唸兒歌「大拇哥！二拇弟！三中娘！四小弟！五小妞妞愛看戲！手心！手背！心肝寶貝！」唸時一邊做動作，小寶寶可抓握其手指練習，大一點（一歲以上）可以讓他模仿做動作。

【觀察重點】

1. 可在練習幾次後，問幼兒：「大拇指在那裏？」觀察其是否能有正確反應？
2. 觀察寶寶是否會模仿動作？可否握住其他手指顯現指示的手指？

【注意事項】

不要太計較寶寶是否學會了，重點是親子共玩此遊戲時，氣氛是否是愉悅的。

活動名稱　　疊　疊　樂

【活動目標】
1. 促進小肌肉的精細動作
   發展
2. 培養分類概念
3. 促進創造思考力

【適用年齡】0歲6個月～3歲
【環境準備】安全堆疊積木

【活動方式】
1. 先拿出一種積木，請寶寶找出一樣的。
2. 介紹紅色積木，請寶寶找「紅色的」，如果寶寶拿錯了，就說
   「不是！那是黃色的。」等他拿對了，就說：「好棒！這是紅色
   的。」以此類推，介紹其他顏色。
3. 將積木以顏色或形狀分成數堆。
4. 拿出三、五個積木，示範將積木疊高高，鼓勵寶寶模仿疊積木。
5. 等其會了基本堆疊積木的技巧就可以讓他自行創作堆疊了，此時
   也可以找其他小朋友與其共玩或父母也跟著一起創作。

【觀察重點】

　　觀察記錄寶寶能堆疊的積木數量與形狀。

【注意事項】

　1. 給孩子積木前請先清洗乾淨。

　2. 提醒寶寶不把積木放入嘴巴。

活動名稱	打　大　麥

【活動目標】　　　　　　　　　【適用年齡】1歲6個月以上

1. 提升視動協調能力　　　　　　【環境準備】無

2. 促進手眼協調

3. 增進持續動作反應能力

【活動方式】

1. 教小寶寶唸唱兒歌：

「一籮麥！二籮麥！三籮打大麥！霹哩拍！霹哩拍！大麥打得快！」

動作：兩人對坐，先自己拍手，再兩人對拍，反覆做同樣動作，最後「霹哩拍！霹哩拍！」時，快拍三下，連續兩次「大麥打得快！」就改拍大腿快拍五下。

2. 教唱動作，宜先大人口唸，以四拍拍一下手的速度，單純唸唱，等寶寶熟悉兒歌與簡單節奏後再做上述動作。

【觀察重點】

觀察寶寶是否能隨節奏拍打，若寶寶跟不上，就降低程度與速度。

【注意事項】

可配合寶寶的程度與速度，調整動作速度與節奏，要當有趣的遊戲，不能當功課做。

活動名稱　　我是小釣手

【活動目標】
1. 增進手眼協調能力
2. 提升視動能力
3. 認識顏色
4. 培養數量概念

【適用年齡】1歲6個月以上

【環境準備】玩具釣具或自製釣具
（作法是釣竿上綁小
磁鐵，畫的魚頭用迴
紋針夾住即可）

【活動方式】
1. 教唱「魚兒水中游」兒歌，
或一面放錄音帶，一面釣
魚，可增加歡樂氣氛。
2. 先示範如何垂釣：拿起釣竿
使磁鐵能吸住魚的迴紋針，
再拉起即可。
3. 釣到魚後，把魚放一邊，再共同數一數釣到幾條魚。
4. 當寶寶釣到魚時，媽媽（或爸爸）可說：「哇！好棒！寶寶釣到
一條紅色的魚！」如此可增加其對顏色的認知概念。

【觀察重點】
1. 觀察小寶寶是否能平穩地把
持釣竿。
2. 觀察寶寶垂釣時眼睛是否能
追視魚。

【注意事項】
如果一直釣不到，可先把釣繩縮
短一點。

活動名稱	我 是 小 工 匠

【活動目標】

1. 促進手眼協調力
2. 增進視動協調力
3. 加強小肌肉靈活運作力

【適用年齡】2歲～4歲

【環境準備】安全工具，如塑膠錘，螺絲釘、帽…

【活動方式】

1. 錘一錘：

   可使用的玩具包括：敲錘球檯、敲釘檯……各種可用來敲錘的玩具。先示範拿錘的方法，就可放手讓寶寶自行去敲打了。

2. 轉一轉：

   各種大大小小的螺絲釘、帽，是非常好的玩具，如果沒有，收集各種有轉動的瓶子與瓶蓋，也是很好的玩具。

3. 量一量：

   各種量尺，讓寶寶模仿工匠做東西前先測量再進行工作。注意不要給捲動式量尺，容易被割傷。

【觀察重點】

兩歲多的孩子最喜歡敲敲打打，各種安全工具的提供不只可滿足其需求，對其整體動作的發展更有很大的助益。

【注意事項】

1. 工具的安全性要相當注意。
2. 使用工具時，要確定其能正確安全地使用工具。

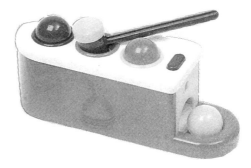

第七章

促進嬰幼兒
感官感覺發展的遊戲與教具

一、視覺辨識／記憶能力

二、視覺追視能力

三、聽覺辨識／記憶能力

四、視聽動協調能力

五、觸知覺能力

視覺辨識／記憶能力

1. 會說話的臉
2. 咦！這是我耶！
3. 寶貝不見了！

視覺追視能力

1. 神秘轉轉圈
2. 今夜星辰
3. 搖搖叮噹響

聽覺辨識／記憶能力

1. 聽！這是什麼聲音？
2. 感受美妙的音樂
3. 會發聲的筒子

視聽動協調能力

1. 聽聽動
2. 小幫手
3. 胖子、瘦子、捏鼻子

觸知覺能力

1. 寶寶起床囉！
2. 大球搖啊搖！
3. 烤披薩

一、視覺辨識╱記憶能力

　　視覺辨識是孩子發展認知能力的先備能力，能分辨事物的異同，才有區辨的能力。嬰兒最早認識的是媽媽的臉，等他有區辨熟識臉孔與陌生臉孔的視覺辨識能力，他才能發展出親疏的情感關係。

　　有區辨物品的視覺辨識力，他才能有系統分層分類記憶事物，否則他的記憶是零散的、支離破碎的，他無法有效地提取已記憶的事物，當然，就無法有良好的記憶，記憶力不好，很多知識的學習就要打折扣。而如何增進幼兒的視覺辨識與記憶力呢？㈠提供孩子豐富的視覺刺激；㈡引導孩子區分，找出事物的異同點；㈢就地取材利用自然發生的事物隨機教育；㈣設計遊戲活動，提供視覺辨識、記憶提取機會，激發孩子的學習動機。此方法不妨一試，相信一定會有所助益。

活動名稱	會 說 話 的 臉

【活動目標】

1. 辨識臉部表情的變化
2. 練習對晃動目標的視覺
   對焦
3. 模仿並運動臉部肌肉
4. 促進嬰兒視知覺發展

【適用年齡】 6個月～10個月

【環境準備】 無

【活動方式】

1. 抱著嬰兒，讓嬰兒面朝自己，坐穩。
2. 面對嬰兒眨眼、轉動眼珠、動嘴角，做各種表情動作。
3. 多做幾次，嬰兒就會有模仿動作。

【觀察重點】

1. 觀察嬰兒是否會隨著你的表情變化而改變視覺焦點。
2. 觀察嬰兒是否會模仿做動作。

【注意事項】

1. 儘量不穿太鮮艷或色彩太豐富的衣服，以免分散注意力。
2. 避免一切干擾的音源或玩具。
3. 取下可能吸引嬰兒的佩飾。
4. 做活動時，不對嬰兒說話、發聲。

| 活動名稱 | 咦！這是我耶！ |

【活動目標】
1. 對鏡中的我產生好奇心
2. 發現臉部有眼睛、鼻子
3. 增進視覺辨識能力

【適用年齡】2個月～2歲
【環境準備】鏡子

【活動方式】
1. 抱著寶寶一起面對穿衣鏡，告訴寶寶，這是媽媽！這是寶寶（或寶寶的名字）！
2. 對著鏡子扮演各種表情動作，觀察寶寶是否好奇地看看鏡子，再看看你。

3. 對寶寶說：「××！笑一個！」你笑一笑，看看他是否會跟著模仿，再繼續不同的動作。
4. 面對鏡子指著寶寶的眼睛，告訴他這是「眼睛」，這是「鼻子」，這是……。

5. 等他對鏡中的自己有反應後，再給他個人的安全鏡。

【觀察重點】

1. 觀察嬰幼兒是否對鏡中的自己表現出好奇與興趣。
2. 觀察嬰幼兒是否會對鏡中的自己做表情動作。

【注意事項】

1. 給嬰幼兒把玩的鏡子最好是不易摔破的安全鏡。
2. 保持鏡子的清潔衛生。

活動名稱　寶貝不見了

【活動目標】

1. 增進視覺記憶力
2. 促進視覺辨識力
3. 加強視覺注視專注力

【適用年齡】0歲6個月～3歲

【環境準備】
1. 杯子或無蓋盒子數個
2. 小玩具（可放入盒內的大小）
3. 毛毯或大毛巾

【活動方式】

1. 先當著寶寶面前拿杯子或小手帕蓋住小玩具，讓寶寶去找找看，玩具寶貝在那裏？（6～8個月）
2. 睡覺起來，把毛毯蓋住小玩偶，請寶寶找出來。
3. 拿出三個無蓋空盒子，當著幼兒的面把小玩具放進其中一個反蓋的盒子，請寶寶找出他的寶貝玩具在那裏？（9個月以上）
4. 方法同上，可變換盒子位子，再請寶寶找認。
5. 如果寶寶已經會3、4步驟，可請寶寶把眼睛閉起來，再藏放東西，其餘步驟一樣。

【觀察重點】

觀察寶寶是否會主動尋找蓋住的東西。

【注意事項】

本活動有難易程度，請先做前面的步驟，再做後面的步驟。

二、視覺追視能力

　　所謂的視覺追視能力是指：是否能追隨移動物體移轉視線的能力。視覺追視能力與專注力有關，一個專注力弱的孩子可能接觸到物體後，很快就把目光移開，目光無法停留在某件物體上，並追隨其移動轉移視線。這種現象會影響物體影像在大腦的暫留時間，進而影響短暫記憶的形成。如果影像停留時間太短，使大腦無法記下記憶迴路，那就會影響到認知學習能力。

　　視覺追視能力與大腦、神經系統功能有關，但相關的活動刺激，也會影響該能力的發展。此外，視覺追視能力與前庭平衡能力也息息相關，視覺追視能力活動搭配前庭刺激活動會有相輔相成的效果。

活動名稱　神秘轉轉圈

【活動目標】
1. 提供視覺對焦練習機會
2. 提供視、聽覺辨識刺激
3. 豐富視知覺刺激
4. 促進視覺追視能力

【適用年齡】0個月～6個月
【環境準備】旋轉音樂盒

【活動方式】

1. 將旋轉音樂盒置於嬰兒看得到但不易抓握的地方。
2. 當嬰兒靜躺在娃娃床上清醒時，可旋轉音樂盒陪伴它。
3. 以掛吊的裝飾或布偶，講故事給孩子聽，小嬰兒可能聽不懂你在說什麼，但隨著音調變化，可提升其聽覺辨識力。一面說故事，你會移動手上的布偶或掛飾，孩子自然會轉動眼球，試著對焦。
4. 可在一段時間後，換個位置懸掛。

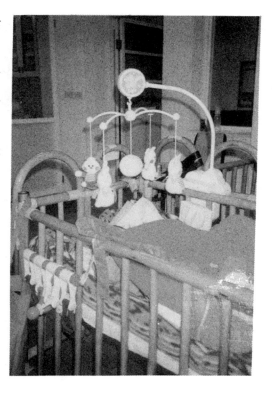

【觀察重點】

1. 觀察嬰兒的黑眼珠是否會隨著小布偶旋轉移動，轉移其視線。
2. 觀察嬰兒是否對音樂響起，發出異於平時的好奇與興奮聲音。

【注意事項】

1. 拉繩不能太長，以免嬰兒抓握不小心綑住自己。
2. 若嬰兒對此玩具表現出漠不關心的樣子，可再測測看其是否有視聽障的問題？必要時應求助醫師。

活動名稱　　今 夜 星 辰

【活動目標】

1. 加強視覺追視能力
2. 經驗光線的變化
3. 觀察光與影的關係
4. 促進視動協調能力

【適用年齡】10個月～2歲6個月

【環境準備】1.手電筒
　　　　　　2.鏡子

【活動方式】

1. 媽媽先把燈都關掉，並打開手電筒，讓幼兒不會害怕，和幼兒說要去找星星在那裏。
2. 請幼兒找一找手電筒的光影（即星星）在那裏，媽媽可以隨時晃動手電筒，移動光影的位置。
3. 打開一盞燈，用鏡子反射光影讓幼兒找光影在那裏？並隨時移動，看幼兒視線的變化。
4. 可讓幼兒用手去抓光影。

【觀察重點】

觀察幼兒的視線是否會隨著光影移動而移動，或是固定在同一個方向。

【注意事項】

光影移動的速度不可以太快，以免幼兒跟不上而喪失興趣。

活動名稱	搖 搖 叮 噹 響

【活動目標】

1. 增強視覺追視能力
2. 促進聽覺辨識力
3. 提供本體覺發展刺激

【適用年齡】 0個月～1歲

【環境準備】 市面上常見能滾動、有叮噹、色彩鮮艷的安全搖鈴玩具

【活動方式】

1. 搖動響鈴玩具，吸引幼兒注意。故意在其前、後、左、右晃動，觀察其是否轉頭追視。（0～6個月）
2. 拿玩具放在嬰兒伸手可及處，看其是否會伸手想抓拿（握）。（6～7個月）
3. 將玩具放在離嬰兒視覺所及的範圍，鼓勵嬰兒爬過來抓拿。
4. 將玩具放在離嬰兒視覺所及的範圍，鼓勵嬰兒爬過來抓取。（8～9月）
5. 放在嬰兒伸手快可及的地方滾動玩具，引誘嬰兒爬行追拿。（8～9月）

【觀察重點】

1. 觀察嬰兒是否對玩具的搖動或響聲音示感興趣（0～6個月）。

2. 觀察嬰兒的黑眼珠是否會隨著玩具的搖晃而移動（0～6月）。

【注意事項】

玩具要隨時保持乾淨，嬰兒通常一抓到手，就往口中塞。

三、聽覺辨識／記憶能力

　　人是群居動物，語言表達溝通是建立人際關係的重要媒介，發展良好的語言表達溝通能力之前，需先了解別人的話語，那稱之語言理解能力。

　　可是如果沒有良好的聽覺辨識與聽覺記憶能力，就很難有良好的語言理解能力。換句話說，聽覺辨認／聽覺記憶能力可說是語言理解、表達的基礎條件。

　　聽覺辨識與聽覺記憶能力的增進是日積月累的，對於剛出生不久的嬰兒，可以拿著會發出聲響的玩具，在其前後左右搖晃，觀察其是否有聽覺辨識能力；常指著嬰兒叫他的名字，或指著某一個家人叫家人的名字，讓嬰兒在多次的刺激反應中聯結聲音與名字；對家中的物品也可以同樣方式進行；有空錄下常見聲響或直接購買市面販賣的教具，讓幼兒分辨常見聲音等，都是增進聽覺辨識力的好方法。至於聽覺記憶，可以由一個指令慢慢增加至三、四個指令，讓孩子去做該動作，如：請孩子到桌旁拿杯子過來（兩個指令）；去爸爸那邊拿帽子戴頭上（三個指令）。這種聽覺記憶能力的培養對其未來適應群體生活很有幫助。否則，將來老師交代的事項會常落東落西，學習效果就會大打折扣。

活動名稱	聽！這是什麼聲音？

【活動目標】

1. 促進聽覺辨識力
2. 提升聽覺敏感度
3. 增進聽覺—動作的聯結
4. 增進聽覺—視覺的聯結

【適用年齡】出生

【環境準備】
1. 手搖鈴
2. 日常生活各種聲音
   的錄音帶

【活動方式】

1. 新生兒：

   拿著手搖鈴在嬰兒的左
   邊、右邊、上面、下面，
   搖響鈴聲，觀察嬰兒是否
   會隨著聲音轉動頭部；站
   嬰兒床旁邊，叫著小嬰兒
   的名字，看看孩子是否會
   轉頭注視你、對你反應。

2. 1個月～1歲：

   把握身邊的各種聲源，告
   訴孩子，這是什麼聲音，
   帶孩子走到戶外，欣賞大
   自然，順便把握機會，告
   訴孩子有關自然界的各種
   聲音。

3. 2~3歲：

　　錄下日常生活中常聽到的各種聲音（或直接購買市售的錄音帶亦可），一面聽、一面找出相同圖片，並說出其名稱或情境。

【觀察重點】

聽覺注視與聽覺追視是聽覺辨識的基礎，要仔細觀察寶寶的注意焦點與反應。

【注意事項】

若嬰兒對音源常無反應，宜考慮是否有聽覺障礙問題，應盡早帶至醫院檢查，找出原因。

活動名稱　　感受美妙的音樂

【活動目標】
1. 辨別聲音的高低、大小
2. 促進大小肌肉的發展
3. 辨識聲音的來源

【適用年齡】2歲～3歲
【環境準備】
1. 音樂帶（節奏明顯的）
2. 鈴鼓
3. 彩色筆、蠟筆
4. 圖畫紙

【活動方式】

1. 請幼兒先閉眼睛，媽媽敲擊樂器，用手指出聲音來源的方向。
2. 媽媽用力拍鈴鼓，再輕輕拍鈴鼓，讓幼兒辨別聲音有何不同，並用筆畫下來。
3. 播放節奏明顯音樂，親子隨音樂起舞，舞姿隨興，最好能配合節奏。
4. 亦可放不同性質音樂，感受身體韻律舞動與音樂的關係。

【觀察重點】
1. 觀察幼兒是否能辨識聲音來源的方向。
2. 觀察幼兒能否因音樂的節奏不同而舞出不同的姿態。

【注意事項】
此活動重在享受與親子共娛的時光，不要太在意幼兒的身體是否能配合上節奏。

活動名稱　　會發聲的筒子

【活動目標】
1. 促進大小肌肉的發展
2. 提升臉部肌肉的運作能力
3. 提升聽覺的敏感度
4. 感受大小聲音

【適用年齡】1歲10個月～2歲6個月

【環境準備】
1. 會發聲的啾啾玩具
2. 玩具喇叭
3. 玩具哨子

【活動方式】
1. 有一些會發出聲音的玩具，例如啾啾玩具，壓下去會有聲音，讓幼兒自己去探索。
2. 媽媽吹響玩具喇叭，讓幼兒跟著模仿。
3. 媽媽可示範吹大聲、小聲、連續音讓寶寶模仿，若寶寶模仿不來，作為聽音辨識的經驗也不錯。

【觀察重點】
1. 觀察幼兒是否會跟著媽媽一起做。
2. 注意寶寶的嘴形位置與吹氣方式。

【注意事項】
吹的玩具喇叭最好準備兩份，寶寶與媽媽各一份，若只有一份，媽媽吹完給寶寶吹時，吹前要留意清潔衛生問題。

四、視聽動協調能力

　　視聽動協調能力指的是視覺動作協調能力與聽覺動作協調能力。

　　走路時，如何保持平衡、判斷空間位置與走路位置、姿勢，這是視覺動作的協調能力。通常視覺動作協調，需要用到空間知覺辨識及身體動作協調能力，是一種綜合的能力，聽覺動作協調能力，則指的是聽覺辨識與動作協調能力的組合，如在暗室中，如何僅靠著聽覺來辨識、移動身體或聽指令做動作，都是屬於聽動協調能力的訓練。而一般聽視力正常的人，通常是眼耳並用，同時運用視覺、聽覺來配合達成身體的協調動作，包括一般日常的走路、跑步、騎車、攀爬、彈琴……。視聽動協調能力良好，動作反應敏捷度較高，對應變突發狀況，身體的反應也較快。

活動名稱	聽　聽　動

【活動目標】

1. 辨識聲音的節奏
2. 促進動作的模仿能力
3. 促進視覺與聽覺的協調

【適用年齡】0歲10個月～2歲6個月

【環境準備】鈴鼓兩個

【活動方式】

1. 媽媽和幼兒面對面坐著。媽媽拍手一次，讓幼兒也模仿拍手一下。
2. 媽媽拍一下鈴鼓，看幼兒是否也會拍一下鈴鼓。
3. 媽媽再拍一下鈴鼓，並站起來走一走，讓幼兒也模仿拍一下鈴鼓。
4. 拍一下鈴鼓，跳一下，讓幼兒跟著媽媽一起做。
5. 媽媽示範拍鼓兩下走兩步，拍三下，走三步，再鼓勵寶寶聽鼓聲走路，亦可試著變化快慢、大小聲。
6. 可依上述方式練習跳躍的動作（只要跳起來就好）。

【觀察重點】

觀察幼兒是否能模仿做動作。

【注意事項】

要跟著孩子的速度，不要太急！有進步就要鼓勵。

活動名稱　　小　　幫　　手

【活動目標】
1. 促進幼兒的聽覺和視覺
   的發展
2. 促進幼兒小肌肉的發展
   和手眼協調能力

【適用年齡】2歲～3歲

【環境準備】1. 小抹布　2. 水桶
　　　　　　3. 鞋子　　4. 傘
　　　　　　5. 掃把　　6. 畚箕

【活動方式】
1. 媽媽在整理家裡時，可以
   請幼兒幫忙一起收拾。
2. 例如：「請你幫我拿掃
   把。」幼兒如果不知道
   時，媽媽可以再補充說
   明：「掃把放在椅子旁
   邊。」
3. 每次請幼兒幫忙，只單做
   一件事。
4. 待幼兒熟悉後，媽媽可以
   用較複雜的句子，請幼兒
   幫忙，例如：「請你幫我
   把鞋子放進鞋櫃裡。」
5. 請幼兒一起幫忙擦擦椅
   子，擦地板。

【觀察重點】

1. 觀察幼兒是否聽得懂媽媽的指令。
2. 觀察幼兒是否能遵照指示去做。

【注意事項】

請幼兒幫忙擦的抹布，最好大人有再扭過一次，以免太溼，使幼兒滑倒。

活動名稱　胖子、瘦子、捏鼻子

【活動目標】

1. 促進幼兒的聽覺與視覺
   的協調性
2. 刺激幼兒反應力的發展

【適用年齡】　2歲～3歲

【環境準備】　無

【活動方式】

1. 請幼兒跟著動作唸「胖子、瘦子、捏鼻子」。胖子的動作是學大
   胖子走路的樣子，瘦子的動作是學瘦子走路的樣子。
2. 等幼兒熟悉了以上的動作，再變化做相反動作，如：媽媽說胖
   子，並做胖子的動作，但小朋友必須說瘦子，並做出瘦子的動
   作。

⟨1⟩　　　　　　　　　⟨2⟩

3. 可以想像更多種相對詞動作，如：高個子—矮個子；大巨人—小
   矮人。

4. 找出一個願意當領袖的幼兒，請他做一個動作，其他幼兒必須做出和領袖不一樣的動作。

【觀察重點】

觀察幼兒的反應力，及幼兒是否了解相反詞的意義。

【注意事項】

先從具體可做動作的相反詞開始。

五、觸知覺能力

　　觸覺刺激對嬰幼兒的發展有相當大的影響，一個很少被抱、被愛撫的孩子，其動作、智能發展都會顯現發展遲滯的現象。一般對觸覺刺激活動，常想到的是用手去觸摸，辨識物的軟、硬、粗糙、光滑、冷、暖……等感覺，事實上，手部觸覺是較後期發展的能力。在嬰幼兒期更需要的是身體的觸覺刺激，如：身體的接觸、撫摸、壓觸等。比較大面積，稍重的平均壓力，可以平撫嬰幼兒的情緒，安定其神經；反之，小面積、輕觸的刺激，即所謂的搔癢，會引起幼兒不適的反應，使其精神亢奮，坐立難安，這種刺激的運用要適時、適地，如嬰幼兒清醒時，逗他玩樂時，可少量運用，所以下列設計的活動以提供大面積、按壓的觸覺刺激活動為主，此類活動對嬰幼兒身體動作發展較有助益。

活動名稱　寶寶起床囉！

【活動目標】
1. 提供全身觸覺刺激
2. 體驗物體恆存保留
3. 促進前庭覺發展
4. 提供左右方向的前庭刺激

【適用年齡】10個月以上
【環境準備】薄被或大毛巾毯

【活動方式】

1. 隔著被子幫寶寶按摩，輕喚寶寶起床。
2. 假裝是大怪獸來了，伸手入被中偷襲，甚至把被掀開抓人。
3. 玩「猜猜我是誰」，把被蓋住寶寶，假裝找不到寶寶，說：「哇！怎麼不見了！」通常寶寶會自己掀被說：「我在這裏！」如果沒有反應，可以掀開被說：「哦！原來在這裏！」亦可換成媽媽（或爸爸）被蓋住，讓寶寶找。
4. 如果寶寶躺在被上不肯起床，可以抽拉被子的一邊，讓寶寶滾出被，再用棉被把他包裹起來，拉被子的一邊使其滾出被子外面。

5. 手抬著腳縮成球，滾來滾去。

6. 雙手伸直，腳伸長做側滾動作。

【觀察重點】

觀察其是否很怕被碰觸。

【注意事項】

1. 不可以直接抓寶寶的頭，只能輕輕按摩。

2. 蓋住時，若寶寶有驚恐表現，則先蓋媽媽讓其找，等其較適應，再試試看。

活動名稱	大球搖啊搖！

【活動目標】

　1. 增進平衡系統發展

　2. 提供身體觸覺刺激

　3. 提升頸肌耐力

【適用年齡】0歲1個月～3歲

【環境準備】1. 彈力大球一個

　　　　　　2. 可搖晃發聲的玩具一個

【活動方式】

　1. 讓寶寶趴倒在彈力大球上，由成人抓住腳，前後擺動。

　2. 用手在寶寶的背部按壓放鬆。

3. 大人在寶寶前面，拉住寶寶的手，想像是飛機飛行，讓寶寶抬頭時間慢慢加長。

4. 讓寶寶仰躺方法同一。

5. 邊搖晃過程中，鼓勵寶寶去拍打置在其上方的小玩具。

6. 可邊搖邊唸唱兒歌。

7. 其他玩法：趴地面，以大球滾壓身體，或用力拍大球……等。

【觀察重點】

觀察寶寶是否能放鬆身體，隨著搖動擺動身體。

【注意事項】

1. 成人一定要在一旁扶好彈力大球。

2. 最好在有軟墊的地板上做，以免萬一掉落受傷。

活動名稱	烤　披　薩

【活動目標】
　1.提供深度觸壓的觸覺刺激
　2.提供身體擺盪的前庭刺激

【適用年齡】1個月～3歲
【環境準備】1.布包或沙包數個
　　　　　　2.棉被一條
　　　　　　3.床單一條

【活動方式】
　1.揉麵糰：
　　先向幼兒說明我們現在要做披薩，請讓嬰幼兒躺在床上，先用手
　　在孩子身上按壓搓揉，向他說明現在要揉麵糰，搓揉時，可稍微
　　翻動幼兒身體。
　2.壓麵餅：
　　揉好麵糰，要把麵糰壓扁，讓幼兒趴臥床上，用按壓方式壓背。

　3.加佐料：
　　壓好麵餅，要加起司、蔬菜等佐料，可用小布球丟在幼兒身上，
　　或只做假裝動作。

4.烤披薩：

最好是由兩位大人，一位抬手一位抬腳，前後搖晃，將幼兒搖放在棉被上（意即送入烤箱），可重複多做幾次，一面數算烤一塊、烤兩塊……等。

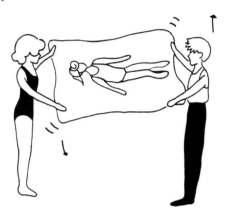

5.外送：

烤好後，放在床單上包裹起來送外賣。

【觀察重點】
1. 觀察幼兒是否會害怕被觸壓。
2. 觀察幼兒被搖晃過程中是快樂？還是害怕？

【注意事項】
1. 若幼兒會害怕被整個包裹起來，就讓他先露個臉。
2. 按壓搓揉要大面積觸壓，避免輕觸。

第八章

促進嬰幼兒
運動平衡發展的遊戲與教具

一、提供前庭刺激活動

二、增進方向與速度感活動

三、促進身體平衡感活動

提供前庭刺激活動
1. 坐飛機旅行
2. 升降機
3. 快樂搖馬
4. 睡覺啦！

增進方向與速度感活動	促進身體平衡感活動
1. 推車上街	1. 我是小飛俠
2. 媽媽搖籃	2. 盪鞦韆
3. 飛碟轉轉盤	3. 高高低低
4. 馬兒跳跳跳	4. 小泰山

一、提供前庭刺激活動

　　前庭位於內耳三半規管附近，是身體維持平衡的重要部位。身體的平衡需要適量的前庭刺激，過與不及均對身體平衡的發展有不良的影響。現代的家庭生活空間較小，一般托兒所、幼稚園也走向精緻化，提供孩子的跑跳空間不足，一般而言，現代的孩子普遍有前庭刺激量不足的情況，前庭刺激量不足，會影響身體的平衡感和空間位置判斷，若至發展精細動作的年齡仍未改善，則會使精細的視動協調動作發展不良，而導致讀寫的困難，所以適度的前庭刺激活動，可說是平衡動作的重要糧食，但要注意前庭活動，多為加速、減速、旋轉的動作，不宜在剛吃完奶、吃完飯或吃過東西後進行，否則易有嘔吐現象，飯後一小時至三小時是最適當的時間。

活動名稱	坐飛機旅行

【活動目標】

1. 提供前庭發展刺激
2. 讓嬰兒感受搖晃與速度
3. 提供身體觸覺刺激
4. 促進親子感情

【適用年齡】1個月～3歲

【環境準備】無

【活動方式】

1. 媽媽（或爸爸）仰躺地面，腳彎曲，抱嬰兒趴臥在小腿上。
2. 先上下左右輕晃幾下，讓嬰兒感受一下坐飛機的快樂。

3. 口唸「飛機飛呀飛」，腳配合上下（或左右）較大幅度的晃動。

4.「飛到高雄」（大一點的孩子可以問他要飛到那裏，地點由他講），此時把腳緊靠胸膛，讓嬰兒與自己更貼近。

5. 可重複此動作，次數不限，視大人體力與幼兒興致而定。

【觀察重點】

大部分的嬰兒都非常喜歡此動作，會玩得很開心。

【注意事項】

當嬰兒頭已可獨立撐起時，可讓嬰兒的頭懸空（不靠在腳上），以增強其頸肌耐力。

活動名稱	升　降　機

【活動目標】

　1. 提供前庭發展的刺激

　2. 促進四肢的抓握力

【適用年齡】0歲1個月～3歲

【環境準備】　無

【活動方式】

　1. 坐電梯：

　　爸爸媽媽將雙手放在寶寶腋下，將寶寶撐起，慢慢輕輕上下晃動，問寶寶要上幾樓？

　2. 地球儀：

　　同上動作，成人自轉圈，讓寶寶享受旋轉的樂趣。

3. 升降機：

　　媽媽伸出手臂讓寶寶抓吊掛在媽媽的手臂上，媽媽輕輕上下移
　　動。

4. 擺渡過江：

　　方法同上，媽媽手臂朝左右方向搖動。

【觀察重點】

1. 觀察寶寶的表情是快樂？
　　驚慌？還是痛苦？
2. 注意寶寶的抓握力是否會
　　自行鬆落。

【注意事項】

　　切記不能太快速上下劇烈搖晃。

活動名稱	快 樂 搖 馬

【活動目標】

　1. 提供幼兒搖晃的前庭刺激

　2. 增進平衡能力

【適用年齡】0歲8個月以上

【環境準備】安全搖馬

【活動方式】

　1. 讓幼兒坐在搖馬上，1歲以下的嬰兒需大人扶著其身體，以免不小心掉落。

　2. 邊搖邊唸：「搖搖搖，搖到外婆橋，外婆說我好寶寶，給我一塊糕」。

　3. 讓幼兒自己想辦法搖晃，問他，現在搖到那裏了？「台北！」或「外婆家到了沒？」如果還沒到，就繼續搖，到了，就下車，想玩再上去。

【觀察重點】

1. 注意幼兒的身體是否能隨搖馬前後擺動（無法自然擺動的幼兒可能平衡能力較弱，需要多做些平衡活動）。

2. 觀察幼兒是否能自己啟動搖晃。

【注意事項】

1. 如果幼兒尚未能坐穩，請勿玩此遊戲。

2. 如果發現幼兒不能隨搖馬擺動身體，需要適時協助，以免不慎摔下。

3. 搖馬四周最好要收拾乾淨，避免玩具、尖銳突出物，最好鋪上墊子，萬一摔落不致發生意外。

活動名稱	睡　覺　啦　！

【活動目標】　　　　　　　　　【適用年齡】0歲1個月～3歲

1. 提供一套入睡前的運動儀式　【環境準備】1. 跳跳球（馬）

2. 提供前庭刺激　　　　　　　　　　　　　2. 彈簧床墊（一般）

3. 增進肢體協調動作能力

【活動方式】

　　　哄寶寶上床睡覺有時是件很痛苦的事，若能變成一個儀式，既達到哄睡目的，也得到運動效果，則可謂一舉兩得，下列方式可供參考。

1. 騎跳馬上床：

　　上床時間到了，請寶寶騎著跳跳馬（球），跳客廳一圈，再跳至小床邊。（如下圖左）

2. 神奇床墊：

　　仰躺在彈簧床墊上，試著拱起背，讓上半身在床墊上跳舞。（下圖右）

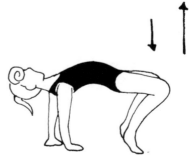

3. 空中踩踏：

　　平躺，抬雙腳，雙腳空踩，如踩腳踏車般，或伸出雙手做轉方向盤狀，腳保持踩踏姿勢，學開汽車狀。

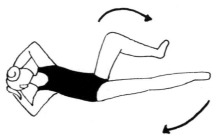

4. 小飛機與大烏龜：

　　先俯臥伸直手腳，抬起頭做小飛機動作，鼓勵其持久；再變成仰臥，將身體縮成一團當大烏龜，放鬆伸直的肌肉。

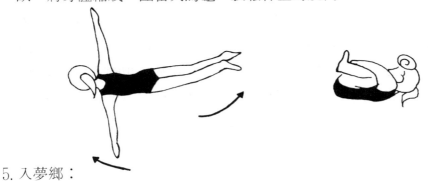

5. 入夢鄉：

　　如有說故事習慣則說故事，否則就閉眼睡覺。

【觀察重點】

　1. 注意動作的正確姿勢。
　2. 學小飛機與大烏龜時，注意頭部是否能持久抬起。

【注意事項】

　　儀式就是要持之以恆，過一段時間再換形式，讓寶寶習慣。

二、增進方向與速度感活動

　　很多幼兒缺乏方向感，前後左右常搞不清楚，特別是在瞬間需判別方向時，更容易搞混。而成人社會中，這種方向感與速度感卻是影響自身，甚至多數人安危的關鍵，如：開車時，突然冒出了一個人、一輛車，這時要往左或往右呢？一個疏忽就可能釀成家破人亡的慘劇。不說意外事件，如果方向辨識感不佳、速度感不良，在轉彎處、高速公路上稍一遲疑，就可能釀成追撞連環車禍。

　　基本上，方向、空間位置判別，速度感的體認，與身體平衡感有關，與前項所述的前庭刺激活動亦相關。多給孩子一些方向與速度感的活動練習，將有助其這方面的發展。由於這類的活動量較劇烈，因此，最好在飯後一小時活動，以免發生嘔吐、消化不良的現象。患有癲癇的孩子也要避免劇烈的旋轉。

活動名稱　　推 車 上 街

【活動目標】
1. 感受方向與速度感的經驗
2. 體驗方向改變與身體的移位
3. 認識周遭環境事物

【適用年齡】0歲1個月～3歲
【環境準備】手推車一輛

【活動方式】
1. 推寶寶上街時，別忘了可以同時和寶寶玩一些遊戲，你可以放慢腳步，在晴天時，讓寶寶看看藍藍的天空，指認所經過的事物。
2. 下雨天，可以罩上透明雨罩，讓寶寶在車內觀賞滴滴答答的落雨情景。
3. 在少人的小巷，可以和寶寶玩個推車遊戲，如：小跑步往前推、往後拉、左轉、右轉、速度變化等。
4. 可在手推車上置些安全玩具，讓寶寶在等待的時刻可以把玩。

【觀察重點】
1. 觀察寶寶的表情，如果出現驚慌害怕的表情，就要適可而止。
2. 安全是最重要的。

【注意事項】
1. 如果寶寶太小，要記得用毛巾或軟墊，穩定其坐姿。
2. 快速前推、後拉時，一定要再檢查一次安全扣帶是否綁好。

活動名稱　　媽　媽　搖　籃

【活動目標】
1. 提供前庭平衡刺激
2. 感受快慢的速度感
3. 提供親子身體接觸機會，
　　促進親子感情

【適用年齡】0歲1個月～3歲
【環境準備】無

【活動方式】
1. 搖籃曲：
　　媽媽與寶寶面對同一方向，由媽媽抱著寶寶，一面哼唱彼此熟悉
　　的搖籃曲，輕輕左右搖晃。

2. 我的寶貝：
　　媽媽與寶寶面對面，手環抱寶寶，並用手撐其頸部，哼著歌或叫
　　寶寶的名字，慢慢搖動寶寶身體。

3. 坐船旅行：
　　向寶寶說明現在要坐搖船了，開船了！（由慢而快）遇到強風
　　（搖晃），遇到大風暴（快而亂盪），風平浪靜（慢慢減速至停
　　止）。
　　動作：媽媽盤腿坐，寶寶坐在媽媽腿上，好好環抱寶寶，利用上
　　　　　半身力量向前後，左右搖動。

4. 坐飛機：

　　此動作是媽媽站立抱著嬰幼兒的腰部繞圓圈，姿勢可採前第一、二項，或寶寶橫臥姿，面朝下，媽媽一手由下扶胸，一手由上環住寶寶的腰，可快、可慢，可與幼兒一起想像坐飛機環遊世界。

【觀察重點】

1. 注意觀察擺盪動作大時，幼兒的反應，若有不適感，則先放慢速度，讓其慢慢適應。
2. 第三個活動，觀察寶寶的頭是否能抬起。

【注意事項】

1. 不要做太急促的上下擺動。
2. 若幼兒感到害怕，可降低擺盪程度。

活動名稱	飛 碟 轉 轉 盤

【活動目標】

　1. 提供前庭平衡覺刺激

　2. 促進動作模仿能力

　3. 增進身體協調運用能力

【適用年齡】0歲10個月～以上

【環境準備】旋轉盤或大浴盆

【活動方式】

1. 以故事引導，假想幼兒是外星人坐著飛碟飛到地球上，此時，讓
　幼兒坐進飛碟（旋轉盤或大浴盆），飛碟起飛了（大人協助轉
　動），飛碟愈飛愈快（速度加快），慢慢的他要降落了（速度減
　慢）。

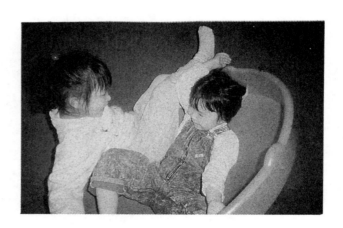

2. 外星人到了地球遇到一個人，那人問（大人問）：「你是誰？」
　幼兒可回答：「我是外星人。」（這時外星人可仿太空人方式走

路）

3. 不久，外星人想回家看爸爸媽媽，又坐上飛盤（大人再協助轉動），回到太空了！

【觀察重點】

1. 旋轉後，注意看幼兒眼球的震顫次數。
2. 觀察轉動時幼兒的情緒反應。

【注意事項】

較小的嬰兒可在盆內鋪上軟墊或毛毯，增進其安全感。

活動名稱	馬 兒 跳 跳 跳

【活動目標】　　　　　　　　　【適用年齡】1歲以上

1. 提供上下前庭刺激　　　　　　【環境準備】彈性跳跳馬或彈性跳

2. 促進肢體關節運用靈活度　　　　　　　　　跳球（軟膠充氣式）

3. 提供方位速度辨識經驗

4. 增強手部抓握力

【活動方式】

1. 讓寶寶坐在跳跳馬（或跳跳球）上抓住把耳，利用腳用力的反彈
   力往前跳。

2. 可以平地直線跳或曲線跳。

3. 跳著上斜坡。

4. 可以玩官兵抓強盜的遊戲，讓寶寶當官兵騎著馬追強盜。

【觀察重點】

觀察寶寶是否能正確利用反彈
力往前跳,而不是帶著跳跳馬
往前走。

【注意事項】

1. 等寶寶能坐穩後才能做此活動。

2. 提醒寶寶抓緊把耳。

3. 最好在平地或有軟墊的空間跳,
   注意地面不能有突出物。

三、促進身體平衡感活動

　　身體動作平衡是綜合前庭刺激與方向、平衡、速度的動作表現。要增強身體平衡動作，不應單純練習身體平衡動作，前述前庭刺激活動、方向平衡速度活動，及身體協調能力等活動都是很重要的先備能力。促進身體平衡感的活動很多，如：走平衡木、盪鞦韆、玩蹺蹺板、騎兩輪車、金雞獨立看誰贏等，只要是需儘量保持身體平衡，才能進行的活動，就給孩子一個促進身體平衡的機會。

活動名稱	我 是 小 飛 俠

【活動目標】

1. 提供前庭刺激
2. 增進身體平衡能力
3. 提供左右、上下旋轉的
   刺激

【適用年齡】0歲5個月以上

【環境準備】無

【活動方式】

1. 告訴寶寶要玩小飛俠的遊戲，讓他像小飛俠一樣飛起來。
2. 抓住寶寶同側的手腳，讓寶寶頭向下俯看，以寶寶頭的方向，自轉3圈，再以反方向自轉3圈，速度由慢而快。
3. 換另一邊同側手腳，同樣以上述方法轉圈。
4. 方法同2，但這次讓寶寶頭朝上。
5. 方法同3，寶寶的頭同4朝上。
6. 讓寶寶仰躺，面對寶寶的腳，一隻手握住寶寶的雙腳，另一手撐住寶寶的背部，慢慢抱起，使寶寶的臉面向大人，大人腳張開的距離同肩寬，將寶寶像左右擺動的鐘擺一樣，輕輕左右擺動，來回幾次。

【觀察重點】

1. 觀察寶寶放下後，有無暈眩現象，注意以讓寶寶舒適、安全為主。
2. 等孩子適應後，再增加圈數、增快速度。

【注意事項】

1. 注意力量要溫和、要輕柔，順勢抓寶寶的手腳。
2. 以上活動不一定要一次做完，可分開做。

活動名稱	盪　鞦　韆

【活動目標】

1. 提供前後搖盪的前庭刺激
2. 增進身體協調能力

【適用年齡】0歲8個月以上

【環境準備】1. 安全鞦韆椅或安全
　　　　　　　 鞦韆
　　　　　　2. 飛機鈴鼓一只

【活動方式】

1. 讓寶寶坐在安全鞦韆椅上，前後搖動，讓他感受擺盪的樂趣。
2. 可以一面搖，一面唸兒歌：「小飛機，飛上天，飛得高，飛得遠，一下子，不見了！」
3. 可以唱各種您熟悉的兒歌，也可以放音樂帶增加歡樂氣氛。
4. 剛開始父母在一旁協助推拉，等他坐穩、習慣後，可拿鈴鼓在前面，鼓勵寶寶盪過來時，可以拍一下鈴鼓。

【觀察重點】

1. 觀察寶寶在擺盪過程，身體是否會隨搖動調整位置。
2. 觀察寶寶是否會抓緊扶把。

【注意事項】

1. 此活動要等幼兒能坐穩才可玩。
2. 要選擇有前後依靠物的安全鞦韆。
3. 玩此活動，父母親一定要在一旁陪伴。
4. 注意擺盪高度、速度。

活動名稱	高　高　低　低

【活動目標】　　　　　　　**【適用年齡】** 2歲以上，2～3人

　1. 提供上下搖晃的前庭刺激　**【環境準備】** 安全蹺蹺板

　2. 提升身體平衡能力

【活動方式】

　1. 兩位幼兒坐在蹺蹺板兩邊，一邊高一邊低，上下交替搖動。

　2. 一面唸唱各種教過的兒歌，隨著歌曲搖盪，可以增加歡樂氣氛。

　3. 較小的寶寶一定要成人在一旁協助看護，以免掉落發生危險。

【觀察重點】　　　　　　　**【注意事項】**

　1. 注意觀察寶寶是否能緊握把　　1. 最好在下面較柔軟的地面上
　　　手。　　　　　　　　　　　　　玩，尤其是愈小的孩子，翻滾

　2. 觀察寶寶的身體是否會隨蹺　　　機會愈大。
　　　蹺板的升高、降低自然擺動　　2. 蹺蹺板本身的安全一定要注
　　　身體。　　　　　　　　　　　　意。

活動名稱	小　泰　山

【活動目標】
　1. 提供前庭平衡刺激
　2. 促進身體動作協調能力

【適用年齡】0 歲 10 個月以上
【環境準備】1. 安全鞦韆
　　　　　　2. 沙包數個、大盒子
　　　　　　　一個或鈴鼓、布條

【活動方式】
　1. 將嬰兒抱坐在鞦韆內，繫好安全帶。
　2. 輕輕搖動鞦韆。
　3. 二、三歲的幼兒，若能很穩地坐在鞦韆上搖晃，可給他沙包或布
　　球，讓他試著一面搖盪，一面丟球。
　4. 可在其搖盪可及之外，手持鈴鼓或布條，讓幼兒搖盪過來時，用
　　手或腳碰觸鈴鼓或布條。

【觀察重點】
　觀察幼兒是否會隨著鞦韆擺
　盪，調整身體姿勢。

【注意事項】
　1. 等孩子能獨力坐穩後，再讓他
　　坐鞦韆。
　2. 視幼兒年齡選擇鞦韆。

第九章

促進嬰幼兒
語言發展的遊戲與教具

一、仿說與理解遊戲

二、增進詞彙遊戲

三、促進溝通表達遊戲

四、語言創造遊戲

仿說與理解遊戲	增進詞彙遊戲
1. 說說唱唱	1. 這是什麼？
2. 媽媽的好幫手	2. 顛倒國
3. 猜猜我是誰	3. 枝隻顆個頭
	4. 媽媽買菜

促進溝通表達遊戲	語言創造遊戲
1. 傳聲筒	1. 魔術白雲
2. 逛百貨公司	2. 故事妙妙屋
3. 喂！喂！喂！	3. 扮演遊戲
4. 偵探尋物	

一、仿說與理解遊戲

　　仿說與理解是說話的基礎，仿說可以累積語彙，熟悉語句用法，理解力可以組織語言、熟悉語言功能，等語言表達各方面能力具足時，語言就會像綻開的花朵開出各式各樣的花。以下提供幾則促進仿說與理解的遊戲。

活動名稱	說　說　唱　唱

【活動目標】

1. 促進語言理解能力
2. 提升語言表達能力
3. 增進語言模仿能力

【適用年齡】 1歲以上

【環境準備】 各種兒歌、手指謠

【活動方式】

1. 選擇一個適合幼兒年齡層的兒歌，配合動作，進行活動。

2. 大拇哥：

   唸唱「大拇哥、二拇弟、三中娘、四小弟、五小妞妞愛看戲，手心、手背、心肝、寶貝」的手指謠把手指介紹給幼兒認識。一邊唸一邊展示拇指、食指……小指，然後請幼兒模仿媽媽的手指做動作。

3. 食指拇指對對碰：

   媽媽先伸出雙手，兩手相對，依序拇指碰拇指，再食指對食指，……至小指對小指，口中亦可配合唸「大拇哥」兒歌，先讓幼兒熟練動作再練習食指碰拇指，拇指碰食指遊戲，口唸「食指碰拇指，拇指碰食指，爬爬爬」（反覆唸唱，並反覆做動作）。

4. 可選任何兒歌，自創或仿書上介紹的動作。

【觀察重點】

1. 觀察幼兒是否能配合兒歌，做出動作。
2. 觀察幼兒是否仿唸兒歌做動作。
3. 配合不同兒歌內容可有其他觀察項目，如上述二例可同時觀察幼兒是否能靈活的伸展每一根手指。

【注意事項】

若幼兒動作配不上兒歌唸唱速度時，可減緩步調。

活動名稱	媽媽的好幫手

【活動目標】

　1. 增進語言理解能力

　2. 提升語言記憶能力

　3. 促進語言模仿能力

【適用年齡】1歲以上

【環境準備】家庭中日常用品

【活動方式】

　1. 此活動可應用在生活中任何時候，需要孩子協助時。

　2. 媽媽的好幫手：

　　第一階段／單一指令（1～3歲）

　　　　　一次只請寶寶做一件事，如：鼓勵孩子幫忙拿拖鞋、

　　　　　拿杯子、拿報紙……

　　第二階段／兩個以上指令（3歲以上）

　　　　　當孩子已能正確反應單一指令後，請孩子幫忙做家事

　　　　　時，再開始給予兩個以上指令，如：幫媽媽到<u>紅色</u>

　　　　　<u>桌子上</u>拿杯子。　　　　　　　　　　　　　（第一

　　　　指令）（第二指令）

【觀察重點】

孩子聽了指令後，是否能正確反應。

【注意事項】

1. 當孩子幫了忙，不要忘了表達謝意。
2. 發號指令時，要避免用命令語句，記得說聲「請」，或先誇讚一下。

活動名稱	猜猜看我是誰

【活動目標】

【適用年齡】2歲~5歲

1. 增進語言理解能力

【環境準備】無

2. 提升幼兒利用部分線索
   推理能力

【活動方式】

1. 先由成人示範活動方式，如：媽媽當主持者，媽媽先在心裡想一
   種角色，請幼兒猜。

2. 成人提供線索，「我是一種動物，我有四隻腳，我的頭上有兩個
   角，人類最喜歡喝我的奶。」

3. 若幼兒尚無法猜出，可再繼續提供線索，直到猜出，換人。

【觀察重點】

【注意事項】

1. 觀察幼兒猜的名稱與線索是
   否吻合。

當幼兒猜不出時，不要急於給答
案，儘量多提供一些線索給他。

2. 了解幼兒猜錯的思考方式。

二、增進詞彙遊戲

　　詞彙可以豐富語言，熟悉較多的詞彙，可以使語言表達順暢無阻；詞彙可以包括一般日常用語名詞、單位名詞、相對名詞、時間副詞等，以下提供可以增進詞彙的遊戲。

活動名稱	這 是 什 麼 ？

【活動目標】

　1. 增進幼兒語彙能力

　2. 奠定幼兒語言表達基礎

【適用年齡】 2～4 歲

【環境準備】 各種日常用品、動物、植物……等圖片

【活動方式】

　1. 此活動可適用於任何時地，特別是等待、坐車、散步、逛街、買菜時。

　2. 和孩子一起走過商店，看見招牌上的圖案，可指認「這是麵包店」、「這是服裝店」、「這是書局」……

　3. 可指家中用品，問幼兒「這是什麼？」請幼兒回答。

　4. 在家或車上可玩蓋圖卡遊戲。先把整疊圖卡蓋住，輪流翻卡，翻過面後要用手掌蓋住圖案，並說出圖卡的名稱。

【觀察重點】

　1. 觀察幼兒是否能說出正確的物品名稱。

　2. 觀察幼兒的注意力與反應速度。

【注意事項】

學習認識物品名稱的三部曲是：名稱介紹→指認物品→說出名稱。請按此三部曲進行，若幼兒尚未能達到下一階段，請先回到前一階段。

活動名稱	顛　倒　國

【活動目標】

1. 認識相反詞、相對位置
2. 培養敏捷的反應力
3. 練習各方位的肢體協調
　 動作

【適用年齡】2歲以上

【環境準備】無

【活動方式】

1. 說個「顛倒國」的故事（可自編或選故事書），重點是顛倒國的人做任何事，說任何話都是顛倒的，如：想要做某事就說不要。
2. 先玩相反口令做動作，如「喊口令」：「大」，寶寶就要比「小」；先由大人發口令，如果口令是「大」，寶寶就要比出表示「小」的動作。例如：口令是「大胖子」，寶寶就要做出「小瘦子」的樣子。
3. 先練習前進、後退、往左走、往右走、往上跳、往下跳……等口令動作，再玩做出與口令相反的動作。

【觀察重點】

2～3歲是人生第一反抗期，玩顛倒國正合其意。

【注意事項】

注意地面要保持乾淨，並在鋪有軟墊的地方玩大動作遊戲。

活動名稱　　枝 隻 顆 個 頭

【活動目標】

1. 分辨單位名詞的用途
2. 熟悉並能適當運用單位名詞

【適用年齡】3～6歲

【環境準備】各種會用上單位名詞的圖卡

【活動方式】

1. 在日常生活中特別提醒教導各種單位名詞的用法。
2. 找一些有單位名詞的手指謠或兒歌，教幼兒唸，如：常見的兒歌：一間屋、兩塊餅……；也可利用單位名詞自編數字兒歌，如：一匹馬、兩頭牛、三隻貓、四條魚、五張紙、六塊餅乾、七顆糖果、八朵小花、九根香蕉、十位小朋友。
3. 可玩單位名詞接龍遊戲，如一人說「顆」，另一人就要用「顆」造個詞，如：一顆珍珠、一顆糖；「條」：一條魚、一條繩子。
4. 五、六歲的孩子可配上字卡，順便練習認識單位名詞的字形。

【觀察重點】

1. 觀察所使用的單位名詞是否用對地方。
2. 觀察幼兒是否能很快反應、接詞。

【注意事項】

若幼兒將單位名詞用錯了，不要直接指責，可重複說出正確的用詞，讓他模仿。

活動名稱	媽　媽　買　菜

【活動目標】

1. 提升觀察力的敏銳度
2. 增進視覺記憶與聽覺記憶力
3. 增進語彙能力
4. 察覺事件發生的前後順序
5. 提供親子交談互動話題

【適用年齡】2歲～3歲

【環境準備】
1. 菜籃或推車
2. 買菜金

【活動方式】

1. 帶幼兒去逛傳統的菜市場，媽媽順便買菜，且邊走邊告訴幼兒，「你看！這是魚！」「紅蘿蔔！豆腐……」，讓幼兒將所見的與相關名詞能作連結。

2. 一路上可以和幼兒討論他最喜歡吃什麼？今天看到什麼？

3. 回家後，先請幼兒猜猜看，媽媽買了什麼東西，再把媽媽買的東西從菜籃裏一樣一樣的拿出來給幼兒看，並印證一下幼兒是不是都說對了。

【觀察重點】

可提示幼兒一些觀察重點,如顏色?形狀?功能?……

【注意事項】

1. 媽媽買的東西最好差異性大些,較好辨識。
2. 樣數可由少漸增。
3. 當幼兒想不出時,不要急,可提供一些線索讓他猜,如:有一種東西紅紅的、長長的……?

三、促進溝通表達遊戲

　　溝通表達需要情境練習，只有實地演練，不斷修正進步，才能使溝通表達適時適地，展現最得宜的進退應對。透過遊戲式的角色扮演情境，讓孩子在快樂氣氛中反覆練習，才能日益精進。下列遊戲活動可供參考。

活動名稱	傳　聲　筒

【活動目標】

1. 提升語言理解能力
2. 增進聽與說的聯結

【適用年齡】 2歲以上

【環境準備】 無或任何紙筆

【活動方式】

1. 請小朋友當傳聲筒去告訴第三者，第一個人告訴他的話。如：媽媽在寶寶耳邊說：「小狗狗好可愛，一直在搖尾巴！」請他到爸爸或弟弟（妹妹）耳邊轉述這句話，再請第三者說出來，他轉述的話對不對？

2. 在幼稚園，或人數較多的家庭，可以轉述更多人，當然，話語變質的機率就更大，但也顯得更有趣。

3. 對大一點的孩子，可以把所說的話先寫下來，最後一個轉話回來時，再拿出紙條，對對看聽到的話和原先寫的紙條一不一樣。

【觀察重點】

觀察幼兒轉述的語句，是否完整或誤失？詞句是否能完整表達原先的意思？

【注意事項】

若幼兒在傳聲過程中，常會漏失語句，可考慮減少用詞數目，並使用較簡單的詞彙。

活動名稱	逛 百 貨 公 司

【活動目標】

1. 聽覺記憶
2. 促進視覺和聽覺的記憶
3. 加強手眼的協調性

【適用年齡】 2歲6個月～3歲6個月

【環境準備】
1. 蠟筆
2. 圖畫紙
3. 百貨公司常見物品的圖片或圖書

【活動方式】

1. 媽媽可先告訴幼兒，今天要去百貨公司參觀，讓幼兒先有心理準備。

2. 去逛百貨公司時，可以告訴幼兒這是賣衣服的櫃子，讓幼兒多用眼睛看和耳朵聽。

3. 在逛完百貨公司後，媽媽可以在路上和幼兒討論今天看到什麼、聽到什麼。

4. 回家後，可以找出百貨公司內常見的物品圖片或圖書，請幼兒指認今日所見，並排出所經驗的先後順序。

【觀察重點】

1. 觀察幼兒是否能辨識不同的物品。
2. 觀察幼兒是否能記憶一些特別的聲音或味道。

【注意事項】

二、三歲的幼兒語言表達尚不完整，需要成人有耐心的引導並協助其銜接。

活動名稱　喂！喂！喂！

【活動目標】
1. 增進聽覺理解與語言表達
   能力
2. 促進與人互動的良好關係
3. 促進詞彙使用的正確度

【適用年齡】1 歲 6 個月～3 歲 10
　　　　　　個月
【環境準備】1. 玩具電話
　　　　　　2. 真的電話

【活動方式】
1. 可利用玩具電話，先和幼兒練習。例如：「鈴！鈴！」電話響
   了，請幼兒接電話，媽媽問：「請問×××在不在？」，讓幼兒
   自己應答。媽媽可以設定主題，例如：「明天我過生日想請你來
   家裡玩。不知你有沒有空？」等等話語，讓幼兒對答。
2. 事先和一位朋友或親戚商量好，讓幼兒自己撥電話找媽媽指定的
   人練習應對（適合可以表達整句話的孩子）。

【觀察重點】

1. 觀察幼兒是否可以正確地撥號。

2. 觀察幼兒與人的對話狀況。

【注意事項】

1. 較小的孩子只作簡單的詞彙對答,如:「好!謝謝!」

2. 若孩子還不會回答也不用著急,只要其有興趣,即使只是點頭亦有助益。

活動名稱　　偵　探　尋　物

【活動目標】
1. 提升幼兒運用線索推理、溝通表達能力
2. 提高幼兒語言理解、推理能力

【適用年齡】3 歲以上

【環境準備】
1. 日常用品
2. 交通工具或動物圖卡

【活動方式】
1. 由一人當失主，抽取一張圖卡（代表失物），其他人當偵探。
2. 偵探要問失主，他要找什麼東西，偵探要想辦法問問題，失主只會回答：「是／不是；對／不對；會／不會……等。」
3. 如：偵探可問：「你失去的東西是動物嗎？」「你的動物是兩隻腳的嗎？」「你的動物會飛嗎？」
4. 偵探要依據所得線索，猜失主失去的東西，失主要把卡片翻開，看看對不對。
5. 猜對了，就換人當失主。（偵探可以有很多人）

【觀察重點】

1. 觀察幼兒所問的問題是否能切入重點。

2. 觀察幼兒問的問題有無篩選功能（如：一開始就亂猜，是狗嗎？是桌子嗎？這樣的問題就不具篩選功能）。

【注意事項】

若幼兒無法切入主題，可以提供一些線索。

四、語言創造遊戲

　　創造是語言發展較高層次的運作，當孩子慢慢熟悉日常用語、語彙後，便可運用遊戲促進幼兒的語言創造能力。讓語言在孩子的生活世界中發揮奇妙的功效，語言創造遊戲可以激發孩子的想像力，透過創造遊戲、角色扮演還可以提升幼兒的社會互動能力。

活動名稱	魔 術 白 雲

【活動目標】　　　　　　【適用年齡】1歲以上

1. 增進幼兒語彙能力　　　【環境準備】無
2. 促進幼兒的語言想像、
　創造力

【活動方式】

1. 在晴朗的天氣裏，帶著孩子到戶外，觀察天上的白雲。
2. 自由聯想天上的白雲是各種動物、交通工具或生活用品。如：媽媽說：「我覺得現在的雲像一隻小綿羊。你覺得像什麼？」
3. 利用白雲的變化編串故事，如：「我看到一匹馬，跑呀跑呀！」「牠跑到那裏呢？」請小朋友接下去，「跑到山上」「遇見了……」

【觀察重點】

1. 觀察幼兒是否有獨創的想像力。
2. 觀察幼兒是否能流暢地思考。

【注意事項】

語言創造力建立在豐富的生活經驗、語彙、能力上，若幼兒的獨創性、創造思考流暢度較弱，宜從充實生活經驗、增加語彙能力著手。

活動名稱	故 事 妙 妙 屋

【活動目標】

1. 提升語言表達能力
2. 增進語言創造思考力
3. 促進語言記憶力

【適用年齡】 2～6 歲

【環境準備】
1. 2～3 歲以單純物品圖片為主。
2. 圖卡（最好有人物、動物）數張（內容不拘），小盒子一個（可放入圖卡的大小）

【活動方式】

1. 將所有圖卡疊放在一起，放入小盒中，想像故事妙妙屋裏有許多故事。
2. 第一個人抽 1 張圖卡，看圖編個句子，第二個人要繼續翻卡，並接前一人的句意，看圖續接故事。
3. 講完後，把圖卡順序弄亂，再放回去，重新編接。
4. 幼小的孩子，只要講出物品名稱就好。媽媽或老師幫其做串接，如：「汽車」裏有「蘋果」，從汽車看，天空有「太陽」，還有「小鳥」飛呀飛⋯⋯
5. 和大一點的孩子玩此遊戲，大人可以準備紙筆，幫忙把創造出的故事寫下來，再以回憶方式回想故事。

【觀察重點】

1. 觀察幼兒是否能想出一些創新的語句。

2. 觀察幼兒對故事前後銜接的連貫性如何。

【注意事項】

如果幼兒想不出接續詞，可以提示或先玩步驟 4——名詞接續串接方式，以增進其自信心。

活動名稱	扮 演 遊 戲

【活動目標】
1. 透過扮演遊戲發揮想像力
2. 增進語言表達、創造力

【適用年齡】 2歲以上

【環境準備】 不穿的舊衣物、被單、毛巾被、絲巾等

【活動方式】
1. 視幼兒年齡選擇情節內容合宜的故事，可先從重複情節的故事開始。
2. 先說個故事，再依故事內容選取角色，並依故事情節扮演。
3. 等熟悉後，再創造改編內容與對話。
4. 當幼兒了解、熟悉扮演遊戲的方式後，就可以自編自導自演了！

【觀察重點】
觀察幼兒是否能在適當情節編造適當的語詞。

【注意事項】
當幼兒接不上來時，不要指責，可以提醒或幫忙接話，儘量讓氣氛輕鬆愉快！

第十章

促進嬰幼兒
概念發展的遊戲與教具

圖形空間概念遊戲
1. 圓圓的球球
2. 送形狀寶貝回家
3. 形形色色
4. 開飛機（方向）

數與量遊戲
1. 數數手指謠
2. 猜猜看，有多少？
3. 曬衣遊戲
4. 小小測量員

邏輯分類遊戲
1. 海底撈寶
2. 寶寶在那裏？
3. 找好朋友
4. 我是老闆

時間與序列遊戲
1. 套來套去真奇妙
2. 現在是幾點鐘？
3. 小樹苗長大了

一、圖形空間概念遊戲

　　圖形是二度空間學習，空間是屬於三度空間的學習，二度空間的圖形遊戲，常說的是形狀與顏色及前後左右，三度空間就包括立體幾何形及加上上下方位的辨識。通常概念的學習不是一蹴可及的，也不是一兩次活動遊戲就可以建立的。舉例而言，圓形概念的學習不是只玩一次活動，孩子就真的了解，必須在日常生活中有機會就讓孩子指認、操作、體驗，讓他有多元的經驗累積，才能組織架構較清晰統整的圓形概念。所以本章的活動，只能說提供個引子，若要見到立竿見影的效果，則必須靠家長、老師不斷觸類旁通、持之以恆。

【活動目標】

1. 建立圓形的概念
2. 經驗圓的各種特性

【適用年齡】 1～3歲

【環境準備】 各種圓形物品，如大小圓球、圓盤、圓圈套、圓圓的柳丁、海灘球（或柔軟如籃球大小的球）

【活動方式】

1. 拿出海灘球，握住寶寶的手，鼓勵寶寶去觸摸圓形的球，一面說：「圓圓的球球。」
2. 與寶寶對坐，把球往前推滾，鼓勵寶寶把球滾回來，媽媽可邊滾邊說：「球球滾滾滾！」強調球體可以滾動的特性。
3. 鼓勵寶寶去抱球，可以把頭靠在球上，感受圓體的圓弧度。
4. 以後在不同時候看別人玩球時，提醒寶寶，「你看！球！圓圓的球。」
5. 等寶寶有基本的圓形概念後，找許多不同大小的圓球、圓盤、……放置房中，請寶寶把圓圓的東西找出來。

【觀察重點】

1. 觀察幼兒對所提的「圓圓的」「方方的」……等概念詞時，是否對該物品有所反應。

2. 方形、三角形或其他形狀均可以此法介紹。

【注意事項】

不要急於知道寶寶是否已經了解圓的概念，記住：「羅馬不是一日造成的」。

活動名稱	送形狀寶貝回家

【活動目標】

1. 辨識○、△、□及顏色
2. 辨識立體幾何體與平面的關係
3. 配對○、△、□的立體模型與平面
4. 促進手眼協調能力

【適用年齡】 6個月～3歲

【環境準備】 立體幾何玩具組

【活動方式】

1. 讓嬰幼兒自己拿立體模型放入該形狀洞。（6個月～1歲）
2. 當他拿起○時，就對他說：「這是『球體』，這個圓形的洞洞就是他的家，來！我們一起送寶貝回家。」（其他形狀，以此類推）（1～2歲）
3. 可做分類遊戲，如同顏色的模型放在同一堆。（2～3歲）
4. 找日常生活中，與該形狀寶貝相似形狀的物品。（2～3歲）

【觀察重點】

1. 觀察嬰幼兒是直接對準同一形狀洞口塞放,還是以嘗試錯誤的方法塞放。

2. 觀察其動作是否穩健快速。

3. 其是否願意一再嘗試?

【注意事項】

1. 注意洗淨形狀寶貝。

2. 提醒嬰幼兒不把形狀寶貝積木往口中塞放。

活動名稱	形 形 色 色

【活動目標】　　　　　　　【適用年齡】1歲～3歲

1. 建立基本三原色概念　　　【環境準備】1. 各種形狀顏色板或

2. 建立幾合形狀概念　　　　　　　　　　　顏色分明的套套杯

3. 經驗邏輯分類方式　　　　　　　　　　　兩組

　　　　　　　　　　　　　　　　　　　　2. 亞士套環

【活動方式】

1. 將形狀或顏色板或套套杯散
   落一桌，先示範教導幼兒找
   出相同顏色的套杯如：「我
   有黃色的杯子，你也來找一
   樣是黃色的杯子。」練習幾
   次後，再開始。（1～2歲）
   （也可以換形狀名稱找）

2. 將不同顏色的杯子或亞士套
   環依顏色分成幾組，完成同
   色的分類。若用亞士套環，
   可再依大小或花色繼續練習
   分類。（2～3歲）

3. 確定寶寶可以找出一樣的東西後，媽媽可以繼續和他玩聽口令找
   東西，如：「我要黃色的。」讓寶寶找黃色的東西給媽媽，其餘
   類推。（2～3歲）

【觀察重點】

1. 觀察寶寶是否對你的指令有反應？若無反應請先反省用語是否過於複雜？

2. 概念不是一蹴可及的，不要急於一、兩次就會。

【注意事項】

1. 先練習找一樣的東西，再練習集合分類。

2. 當寶寶找不出時，千萬不要指責，可以說：「不是！不是！那是××色的。」一方面也增加其印象。當其找到時不要忘了鼓勵。

活動名稱	開　飛　機

【活動目標】

　1. 增進幼兒的方向感

　2. 促進空間概念的發展

　3. 培養多元思考能力

【適用年齡】2～6 歲

【環境準備】以家中或園中現有的傢俱或器材設備，布置成障礙屏障

【活動方式】

　1. 找幾個目標物，和幼兒一起開飛機。

　2. 「我要開到椅子的右邊」、「我要開到小山坡上」，可一邊說一邊做動作，強調開到目標物的左邊、右邊、上面、下面等方位名稱。（2～6 歲）

　3. 將障礙物擺成多條路徑，選定一目標物，和幼兒一起討論，要如何走才能到目標物，有幾種方法可以到目標物。（4～6 歲）

【觀察重點】

　1. 幼兒是否能聽指令，做出正確方向反應？

　2. 幼兒是否能自說並做到正確方向反應？

　3. 幼兒是否會努力動腦思索不同的路徑？

【注意事項】

　1. 如果幼兒走錯方向，不要指責，只要說：「糟糕！開錯邊了，這是左邊，我們該轉到右邊！」直接修正即可。

　2. 當幼兒想不出多種可行路徑時，可給一點點暗示。

二、數與量遊戲

　　所謂的數與量指的是數字、數量、對應關係與度量等，數與量的遊戲可以發展出很多活動，且依著幼兒不同的發展年齡，可以有深淺不等的內容安排。在數量概念的發展上，1～4 歲的幼兒會有個階段數數有跳號的現象，如 1234567 他會唸成 123769……這是表示他對數的順序概念尚處混淆階段，有時他們也會在數物時，時對時錯，或明明點算 5 個，問他幾個，他卻說 7 個，有此情形均屬正常現象。因為數的概念是很抽象的，不是靠背誦可得的，在建立真正的數量概念之前，均會經驗這樣的混淆階段。記住當孩子出現此現象時，切記不能指責，要有耐心等待。請記住學前階段，培養孩子對數字的興趣，比建立概念更重要。

活動名稱	數 數 手 指 謠

【活動目標】

1. 數詞與數量的聯結
2. 認識數字 1～10
3. 透過唸唱活動學習簡單
   數字與數量

【適用年齡】1～4 歲

【環境準備】常見數數童謠、
手指謠

【活動方式】

1. 蒐集市面常見的數數童謠，先熟悉其內容、手勢再教寶寶唸唱。
   例如：一間屋、數大麥、一什麼一（可參見坊間童謠或手指
   謠）。
2. 當寶寶尚未能仿唱時，可抓著寶寶的手或腳，邊唸邊做動作，可
   促進親子感情。
3. 二至三歲的幼兒，鼓勵其仿唸，並想像做動作。

【觀察重點】

1. 觀察寶寶在唸唱時，是否會
   跟著仿唸。
2. 觀察寶寶的模仿動作是否正
   確。

【注意事項】

孩子在發展過程中，有時無法正
確對應，甚至 1 至 10 的數唱都
會跳號，這是正常現象，不必
急，也不要指責，只要多給孩子
練習機會，進步就可立竿見影。

活動名稱	猜猜看，有多少？

【活動目標】

1. 比較數量的多少
2. 數與量的聯結
3. 推估數量
4. 經驗數量的分解

【適用年齡】 2～6 歲

【環境準備】 鈕扣（或豆子、小珠子均可）數個（依幼兒能力需求而定）

【活動方式】

1. 把鈕扣放手心中，雙手合攏，搖晃。

2. 攤開手，讓幼兒數數看，有幾顆鈕扣（2 歲幼兒可以只用 2 顆，視幼兒能力加數目）？

3. 先玩猜猜看鈕扣在那一手，每次猜完後，攤開手，讓幼兒數數看有幾顆，先建立幼兒基本數量概念。

4. 等幼兒有基本數量概念後（如，2 個、3 個、4 個……視幼兒能力而定，可能需經一段時間，不定時用各種方法增進幼兒的數量概念），再如步驟 3，但只攤開一手，讓幼兒猜猜看另一隻手有幾顆鈕扣。

5. 以上活動可在任何時地進行，活動時間不限，短短幾分鐘均可，趣味性高，方便簡易，在車上無聊時可解悶，增進親子關係。

【觀察重點】

1. 此活動方式可延續很長時日，重點在觀察幼兒的推估、猜測技巧是否有進步？數與量的聯結是否漸趨穩定？

2. 可配合數數手指謠增進對幼兒數量數詞的概念。

【注意事項】

概念的培養，不是一朝一夕可就，需用多種方法呈現，不斷練習。假以時日，一定可以看到成效，千萬不要急於一時，答錯了就指責，反而會削減孩子的學習興趣，切記！切記！

活動名稱	曬 衣 遊 戲

【活動目標】

1. 聯結數與量的關係
2. 增進手指肌肉張力
3. 認識顏色
4. 增進親子關係

【適用年齡】 先練習學會把衣夾
夾在衣架上後

【環境準備】
1. 衣架
2. 數個衣夾
3. 衣服

【活動方式】

1. 媽媽曬衣服時，可給寶寶一個衣架及一個小容器裝一些衣夾。
2. 媽媽邊曬衣服，邊拿起衣服，問寶寶這是誰的衣服，讓寶寶猜。
3. 請寶寶記錄媽媽曬了幾件衣服，如：每掛上一件，就請寶寶拿一個衣夾夾在衣架上，每隔一陣子就請他數數看，媽媽曬了幾件衣服。
4. 亦可以玩顏色遊戲，如媽媽曬的衣服是紅色，就拿紅衣夾子夾在衣架上，花色可以某一顏色替代，最後請寶寶數數媽媽這時曬了幾件紅色衣服？

【觀察重點】

觀察寶寶，是較有興趣跟著指令說明夾衣夾，或自己把玩？若幼兒無心聽令動作，自行把玩，亦可提供數字紙卡，讓他配對紙卡，夾衣夾。

【注意事項】

當寶寶尚無能力夾衣夾時，可以用雙手同時壓握或由大人協助。

活動名稱	小 小 測 量 員

【活動目標】　　　　　　　　**【適用年齡】** 2 歲以上

1. 認識量的概念　　　　　　　　**【環境準備】** 1. 有色紙條數張

2. 體驗長度的連續量　　　　　　　　　　　　 2. 剪刀

　　　　　　　　　　　　　　　　　　　　　 3. 筆

　　　　　　　　　　　　　　　　　　　　　 4. 膠水

　　　　　　　　　　　　　　　　　　　　　 5. 白紙 2 張

【活動方式】

1. 和幼兒討論，找找看，身上有什麼東西可以比長短？手指有長有短，頭髮（和媽媽比，誰的長？）、手臂、腳……

2. 想想看除了直接比外，有沒有其他方法可以比長短？「可不可以拿繩子量？拿尺量？用手掌量？……」

3. 試著用想到的度量方法，去量量看身體部位的長短，或家中各種物品的長短。

4. 剪一些色紙條，請寶寶用紙條量物體長度，用筆做個記號，用剪刀將紙條剪斷，請媽媽（或老師）協助，寫下該物品名稱。

5. 反覆丈量不同物品，貼上其長度紙條（2～3 歲）。

6. 大一點的寶寶可請其比較紙條長度，按長短序列排列，討論什麼東西最長？什麼東西最短？

【觀察重點】

1. 觀察討論時，幼兒是否會主動表示或回答可以丈量的物品。

2. 觀察幼兒是否在引導下能有興趣，主動做測量、記錄工作。

【注意事項】

1. 不要直接告訴幼兒什麼較長，或用什麼方法去量，盡量讓其養成用腦思索的習慣。

2. 丈量時，注意要按住起點，以求準確。

三、邏輯分類遊戲

　　若希望能教導出思緒條理分明，遇事有推理解決能力的孩子，邏輯分類概念的培養就不能忽視。分類的基礎在區辨，能區辨事物的異同才有能力分類，邏輯的基礎在歸納、發現規則。邏輯分類概念的培養在持之以恆，在不分時地把握時機，給孩子基礎的區辨、歸納、分類邏輯推理的概念，時機成熟時，他就能整合、頓悟。教導原則與一般認知概念同，就是急不得。

活動名稱	海 底 撈 寶

【活動目標】
1. 建立基本分類概念
2. 提升視覺辨識力
3. 加強視覺注視專注力

【適用年齡】8個月～3歲

【環境準備】
1. 積木（泡綿）或木頭
2. 杯子　　3. 布偶
4. 小手帕、絲巾、毛巾被

【活動方式】
1. 媽媽可以找一個幼兒最喜歡的玩具，把它藏放在一堆積木中，請幼兒把它找出來。（8個月～1歲）
2. 媽媽再藏第二次，放在一堆散亂的積木和布偶中，請幼兒再把玩具找出來。（1～2歲）
3. 媽媽可再加入各種不同的玩具或用具的條件，請幼兒找同樣的東西，例如：杯子。（1歲半～3歲）

【觀察重點】
1. 觀察幼兒能否從很多不一樣的東西裡，一下子就找到媽媽要的東西。
2. 條件單純時，幼兒是否也能很快找到媽媽指定的東西。
3. 觀察幼兒的視線是否一直停留在同一方向。

【注意事項】
注意不要讓寶寶把小東西放入口中品嚐。

活動名稱　　寶寶在那裏？

【活動目標】
1. 增進嬰幼兒對自我形象的認識
2. 經驗邏輯分類概念
3. 提升視覺辨識力

【適用年齡】8個月～3歲

【環境準備】
1. 寶寶獨照一張
2. 三人合照一張
3. 十人以上合照一張，要大一點的

【活動方式】

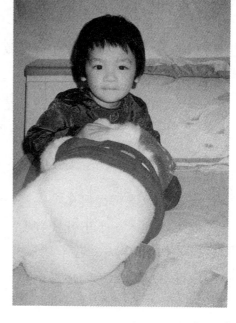

1. 先照照鏡子，讓寶寶觀察自己，指著鏡中的寶寶，告訴他：「寶寶在這裏。」（8個月～1歲）

2. 讓寶寶觀察自己的獨照，並告訴寶寶這就是你。（8個月～1歲）

3. 給寶寶看一些人的獨照，其中有幾張是寶寶自己的獨照，請寶寶找出自己在那裏。（1～2歲）

4. 請拿出有寶寶在內的兩人以上合照問幼兒：「寶寶在那裏？」（2～3歲）

5. 拿出十人以上合照的照片或混淆幾張合照，請寶寶指認自己在那裏。（2～3歲）

【觀察重點】

1. 照鏡子時，可提醒寶寶一些臉部或身體特徵。
2. 若寶寶找不出來時，可提供一些線索。
3. 找出後，可再請其指認照片中其他人物。

【注意事項】

1. 照片必須是很清楚的。
2. 照片距離寶寶的實際年齡和外貌不可以相差太遠。
3. 三張照片最好都是寶寶同一時期的。

活動名稱	找 好 朋 友

【活動目標】　　　　　　【適用年齡】1～6 歲

1. 增進幼兒視覺辨識力　　【環境準備】視幼兒發展能力尋找

2. 促進幼兒認知配對能力　　　　　　　兩個一組的配對卡；

　　　　　　　　　　　　　　　　　　小的圖案可以較簡單

　　　　　　　　　　　　　　　　　　，大的可選複雜圖案

【活動方式】

1. 配對卡：

先找兩個一組的配對圖卡四至五組，攤在桌上請寶寶找出一樣的好朋友。（1～3 歲）

2. 記憶牌：

大一點的孩子可以多一些組，視孩子能力增減，將圖卡反面向上放置，輪流翻牌，一人一次可翻兩張牌，如果兩張卡一樣就可以收起來，若不一樣要先翻開，讓大家看清楚，再放回去，鼓勵寶寶記住圖卡的位置，等下次翻卡時，就可以一次中牌。（3 歲～6 歲）

3. 找同伴：

將卡分成兩組（相同的卡放在不同組），一組成人（媽媽、保姆或老師）持有，另一組交給幼兒，成人可以形容他抽拿圖卡的特徵，如：「有兩隻腳，喜歡吃米粒，早上會喔喔啼！」再請幼兒從手邊的圖卡中找出相同的。

【觀察重點】

1. 觀察寶寶是否能快速發現並找出一樣的圖卡。
2. 觀察幼兒是否運用記憶策略，找到好朋友。

【注意事項】

視幼兒能力增減圖卡數量與圖案的難易度。

活動名稱　　我 是 老 闆

【活動目標】

1. 增進幼兒分類概念
2. 認識物品特徵與名稱
3. 提供邏輯推理經驗

【適用年齡】2～6歲

【環境準備】各類別日常用品實物或圖片

【活動方式】

1. 請小朋友當商店的老闆，成人（媽媽、保姆、老師）當顧客，玩買賣遊戲。

2. 顧客來買東西，故意說：「我要一種紅色的，可以吃的東西。」「我要買方方的，用來擦桌子的東西。」老闆就要把顧客指定的東西圖卡拿出來讓顧客選擇。

3. 也可變換角色，媽媽當老闆，幼兒當倉庫管理員，老闆請倉庫管理員把貨品按照一個紅一個黃的排列順序，擺放物品，或一大一小，三大一小的順序排列。

【觀察重點】

觀察幼兒是否能聽懂顧客所指定的東西，做正確的反應。

【注意事項】

若幼兒尚無法做出正確反應，就先直接買固定的東西，如：買餅乾、買麵包……

四、時間與序列遊戲

　　時間是很抽象的，大部分的孩子都不容易搞清楚，時間概念的發展也是漸進的，從現在之前、之後到早上、晚上；昨天、今天；上星期、下星期……的時間概念發展，可以發現時間跟現在的經驗愈近的，孩子愈容易明瞭，愈遠的，就比較不容易。至於序列概念的了解則是愈具體的愈容易了解，如長短、高矮輕重等序列可直接操作比較的就比較容易理解。時間序列因比較抽象，要藉事件發生的先後順序來推理就比較不容易習得，基於此原則，時間與序列遊戲的設計要能由一般到特殊，由具體到抽象，由近而遠的經驗原則著手，就可以得心應手，順利進行。

活動名稱	套來套去真奇妙

【活動目標】

1. 辨識比較大小序列
2. 促進手眼協調能力
3. 提升視覺專注力
4. 增進視覺記憶力

【適用年齡】 8個月～3歲

【環境準備】 1. 套套杯一組
2. 可藏放在套套杯內的小物品

【活動方式】

1. (1)只取差異性大的兩個杯子，讓嬰兒套在一起把玩；
   (2)等嬰兒會套杯後，再增加數量。（8個月～1歲）

2. (1)隨意取兩個套杯；
   (2)取一小物品當幼兒的面放入其中一個套杯中；
   (3)讓幼兒找出小物品在那裏；
   (4)取出藏物讓幼兒將兩個套杯套疊在一起。（1歲～1歲半）

3. 增加套杯數量，重復前述兩項活動。（1歲半～3歲）

4. 一次只增加一個，慢慢漸進，二、三歲幼兒最多約至十個。

5. 可以在提示時，告訴幼兒杯子的顏色，如：「好棒哦！你找到了！在黃色杯子裏！」

【觀察重點】

1. 觀察幼兒眼睛的視線變化。
2. 看幼兒的大小肌肉的掌控狀況。

【注意事項】

1. 小物品的大小，只要可以放
   入最小的套杯內即可，以免
   過小讓嬰兒誤食。
2. 本活動重點在序列與手眼協
   調，顏色配對重點可在另次
   活動中呈現。

活動名稱　　現在是幾點鐘？

【活動目標】　　　　　　　　【適用年齡】2～6歲

1. 增進幼兒時間概念　　　　　【環境準備】教學鐘、可以用手轉

2. 認識整點，或半點鐘　　　　　　　　　　動的時鐘，或用紙卡

3. 認識時針、分針、秒針　　　　　　　　　自製時鐘亦可

【活動方式】

1. 每次吃飯、看新聞、睡覺、上學等較規律的生活作息活動時，不妨提醒幼兒看看：「現在是幾點鐘？」

2. 若幼兒的生活有一定的規律，可以畫張生活作息表，配合時鐘圖，讓幼兒將作息活動與時間相聯結。

3. 介紹幼兒認識長的叫分針，短的叫時針，最長的是秒針。

4. 陪著幼兒一起觀察時針、分針與秒針走動的情形，一起討論那根針走得最快，那根針走得最慢。

5. 可配合兒歌唸唱加上扭屁股動作：

「大鐘的時針，滴答滴答」（慢）

「大鐘的分針，滴答滴答」（稍快）

「大鐘的秒針，滴答滴答」（快速）

6. 當整點鐘或半點鐘時，可請幼兒觀察「現在是幾點鐘？」，並提醒需要做什麼事呢？

【觀察重點】

1. 觀察幼兒時間到了，會不會想到做某事。
2. 觀察幼兒對時間的反應是否回答正確。

【注意事項】

時間概念的形成不是一蹴可及的，要給幼兒時間，給自己一點耐心。

活動名稱	小樹苗長大了

【活動目標】

1. 培養幼兒序列概念
2. 讓幼兒能用語言表達事件
   發生的時間順序過程

【適用年齡】 1 歲以上

【環境準備】 植物、動物或事件
發生的序列圖片

【活動方式】

1. 以圖卡介紹種子如何長大、發芽，長大成小樹苗的故事。
2. 蹲下，整個身子縮起來當小種子。
3. 雙手放在兩耳旁，伸出兩指當發出小芽。「哇！小種子發出芽了！」
4. 身子慢慢伸直，口中邊說：「哇！小芽長高了！」
5. 身子由蹲→半蹲→站→手伸直，邊說：「小樹長大了！長出一片葉子、兩片葉子……」「小樹變成大樹了！」
6. 同上述方法，可換成動物成長過程，或一天發生的事件經過。

【觀察重點】

1. 觀察幼兒是否能依時間序列展現動作與語言表達。
2. 觀察幼兒是否能用語言敘述事件發生的順序。

【注意事項】

若幼兒有錯序、倒序現象，只要提醒更正即可，不用責怪。

第十一章

促進嬰幼兒
生活自理能力的遊戲與教具

一、增進口腔動作
　　能力遊戲
二、增進飲食動作
　　能力遊戲
三、增進穿脫衣物
　　能力遊戲
四、保持自身整潔
　　能力遊戲

增進口腔動作能力遊戲	增進飲食動作能力遊戲
1.吹—刮大風	1.舀—舀豆子
2.嚼—嚼嚼樂	2.挾—筷子功
3.吸—吸水象	3.捏—擠海綿
4.舔—冰涼香甜	4.倒—客人請用

增進穿脫衣物能力遊戲	保持自身整潔能力遊戲
1.拉拉鍊—芝麻開門	1.洗手—我會洗洗手
2.穿脫衣—我會穿衣	2.漱口—口水龍
3.扣鈕扣—青蛙的鈕扣	3.刷牙—我會刷刷牙
	4.洗臉—洗個乾淨的臉
	5.洗澡—澎澎樂

一、增進口腔動作能力遊戲

　　口腔動作能力是獨立進食的基礎，所謂的口腔動作能力包括咀嚼能力、吞嚥能力等。沒有良好的咀嚼能力，就難進食粗纖維，如肉塊、青菜……等食物；吞嚥或吸吮能力不夠，次數不足，就易有流口水的現象；嘴唇閉合功能不良，吃東西就易掉飯粒、喝水易流涎；舌頭靈活度不足，食物攪拌功能就不良。所以增進口腔動作能力，將有助獨立進食習慣的養成，以下設計的口腔動作能力遊戲包括：

　　1.吹——增進口腔閉合能力：刮大風

　　2.嚼——增進口腔咀嚼能力：嚼嚼樂

　　3.吸——增進吞嚥、吸吮能力：吸水象

　　4.舔——增進舌頭靈活度：冰涼香甜

活動名稱	刮　大　風

【活動目標】

1. 增加口腔周圍肌肉張力
2. 促進口腔靈活度
3. 促進嘴唇的閉合力

【適用年齡】6個月以上

【環境準備】

1. 約1公分寬10公分長的彩色紙（或布）條數條
2. 羽毛數根
3. 杯子二～三個，乒乓球一個

【活動方式】

1. 彩帶繽飛：（1歲以上）

   手拿彩帶，或將彩帶貼（綁在）橫桿上，鼓勵寶寶和成人（老師、父母……均可）一起來吹彩帶，孩子看到各種色彩的彩帶迎風飛舞，會很高興。

2. 小鳥飛走了：（適6個月以上）

   如果寶寶的吹送力較弱，可選較輕的羽毛（或小紙片），假想羽毛是小鳥，用力吹羽毛，羽毛飛起時，可想像是小鳥飛走了！

3. 步兵過河：（適3歲以上）

   將杯子裝滿水，並排成一列，將乒乓球於杯子上，用嘴巴用力吹乒乓球，讓乒乓球藉風力跳到另一個杯子。

【觀察重點】

1. 注意寶寶是否會將嘴巴閉起，口內充滿空氣。

2. 觀察寶寶吹的氣是否有力道。

3. 觀察寶寶是否會調整吹氣位置與被吹物的距離。

【注意事項】

不要讓寶寶嘴巴太靠近被吹物品。

活動名稱	嚼　嚼　樂

【活動目標】

  1. 增進咀嚼能力

  2. 促進口腔肌肉動作運用
　　能力

【適用年齡】1 歲以上

【環境準備】無

【活動方式】

  1. 向寶寶說明玩假裝嚼口香糖的遊戲。

  2. 先把嘴巴鼓起，內部充滿氣體，假裝口內有口香糖，左右咀嚼。

  3. 將把嘴巴噘起，假裝要吹泡泡糖，慢慢吹氣，等曉得已吹得差不
　　多，就發出「碰」的聲音——表示泡泡吹破了。

  4. 反覆上述動作。

【觀察重點】

  1. 注意寶寶在咀嚼時會不會把
　　嘴閉合。

  2. 吹氣時，觀察寶寶的嘴是否
　　縮緊在一起，並用手放嘴巴
　　前，感受看看是否有氣吹
　　出。

【注意事項】

三歲以上的小朋友可以直接練習
嚼口香糖，但要注意不要吞入，
可漸進地練習。

活動名稱　吸　水　象

【活動目標】

1. 增強口腔吸吮能力
2. 促進口腔周圍肌肉 張力
3. 增進唇、舌動作的 協調性

【適用年齡】 1 歲以上

【環境準備】

1. 吸管
2. 杯子
3. 開水或果汁
4. 碗裝煮熟的麵條 （麵條長度約 10 公分長）

【活動方式】

1. 大象吸水：（適合 1 歲以上）
   - 可找大象的兒歌，先教寶寶唱，或邊做邊放音樂，以增強寶寶 學習動機。
   - 假裝是一頭大象口渴了，想喝水，用吸管代替象鼻子，吸杯子 的水。
2. 大象遊玩：（適合 1 歲以上）
   - 喝完水，象寶寶很高興，到處走來走去（彎腰，一手捏鼻子， 一手伸長，當象鼻子）。
3. 大象吸麵：（適合 1 歲半以上）
   - 走累了，象寶寶肚子餓了，要吸麵條，媽媽先示範，不可把麵 條咬斷，要用吸的方式，將麵條吸起來。

【觀察重點】

1. 觀察寶寶吸水或吸麵的動作是否正確。

2. 注意不可咬斷麵條，要全部吸入嘴中，才能開始咀嚼。

【注意事項】

1. 注意不可邊開玩笑邊吸，以免嗆到。

2. 吸時要固定位置，不要邊走（玩）邊吸。

活動名稱	冰 涼 香 甜

【活動目標】

1. 增進舌頭動作的靈活度
2. 加強舌頭的反應能力
3. 促進嘴唇肌肉與舌頭的
   協調能力

【適用年齡】 6個月以上

【環境準備】 棒棒糖或小冰棒

【活動方式】

1. 先拿棒棒糖（或小冰棒）讓寶寶舔一下，讓其感受其美味。等寶寶對誘惑物有了反應，再將棒棒糖（或小冰棒）放在寶寶的嘴角邊，鼓勵寶寶伸出舌頭舔棒棒糖。
2. 將棒棒糖（或小冰棒）換另一邊嘴角、上唇、下唇，讓寶寶的舌頭能靈活轉動。

【觀察重點】

1. 若寶寶的舌頭伸出來成倒三角形，且中線拉的很緊，要帶去看耳鼻喉科醫師，診察看看是否有舌繫帶問題。
2. 若寶寶舌頭無法靈活轉動，也需要帶去看醫師，查看詳細原因。

【注意事項】

冰棒最好能自製，可以買小的製冰盒，放果汁製成如棒棒糖大小的冰棒，且最好在夏天練習，冬天可以使用棒棒糖。

二、增進飲食動作能力遊戲

要自如獨立進食除了口腔動作能力之外，還要具備飲食動作能力，如握持湯匙、碗筷的能力，手眼協調的能力、手指抓握的能力，才能順利將食物送入口中，而不灑落滿地，在此特別設計幾個活動以增進嬰幼兒的飲食動作能力：

1. 舀——增進握持湯匙的能力：舀豆子
2. 挾——增進用筷子夾物的能力：筷子功
3. 捏——促進手指抓握、捏放能力：擠海棉
4. 倒——促進手腕力與手掌抓握力：客人請用

活動名稱　舀　豆　子

【活動目標】

1. 增進握持湯匙的能力
2. 促進手眼協調力

【適用年齡】2～4歲

【環境準備】

1. 兩個碗，小容器一個（約碗的容量）
2. 湯匙
3. 豆子(花豆、黃豆、紅豆、綠豆均可)放在小容器內，裝約 2/3 即可
4. 托盤一個

【活動方式】

1. 將兩個碗、豆子、湯匙放在托盤上。
2. 將豆子倒入其中一個碗中。
3. 示範如何拿湯匙。
4. 舀一勺豆子放入另一個空碗中。
5. 持續舀，直到豆子舀完（若幼兒有興趣，可以再舀回原碗）。
6. 等不想舀了，將豆子倒回小容器內，把東西都擺回原位，將托盤放回原位。

【觀察重點】

1. 觀察幼兒握湯匙的姿勢是否正確。

2. 觀察幼兒舀豆子的姿勢是否正確，是否會掉落很多豆子。

【注意事項】

視幼兒的年齡與能力，決定豆子的大小與湯匙的形式。

活動名稱	筷　子　功

【活動目標】

1. 促進用筷子夾物的能力
2. 增進手眼協調能力

【適用年齡】2 歲以上

【環境準備】1. 夾筷：

　　　　　①夾子（適2～3歲）

　　　　　②筷子（3 歲以上）

　　　2. 被夾物：

　　　　　①棉花

　　　　　②軟膠

　　　　　③木珠球

　　　　　④彈珠（視幼兒年

　　　　　　齡、能力自擇適

　　　　　　合被夾物）

　　　　　⑤花豆

　　　3. 兩個碗

　　　4. 托盤一個

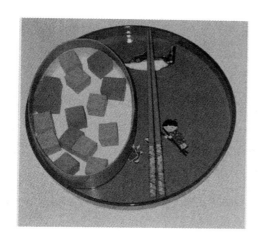

【活動方式】

1. 將被夾物放入一個碗中，兩個碗並排，夾筷放一旁，整齊放置在托盤上。
2. 示範夾筷的正確使用姿勢。
3. 以夾筷夾住棉花（或其他被夾物），夾放到另一空碗中（若幼兒有興趣可反覆操作）。
4. 操作完畢，要將碗、筷放好，放回托盤。

【觀察重點】

1. 注意幼兒使用挾筷動作是否正確。

2. 觀察幼兒挾物時是否容易掉落。

【注意事項】

請配合幼兒能力選擇夾筷與被夾物種類。

活動名稱	擠　海　棉

【活動目標】

1. 促進手指抓握力

2. 加強手指的捏放動作

【適用年齡】 1～3 歲

【環境準備】
1. 海棉兩塊
2. 空碗兩個
3. 水半碗
4. 抹布一塊
5. 托盤一個

【活動方式】

1. 將教材 1～4 放在托盤上。

2. 將其中一個空碗放半杯水，放入海棉使之吸飽水。

3. 示範用手指抓握起海棉。

4. 將吸飽水的海棉抓起，移至另一空碗中。

5. 用力將海棉擠捏，壓出所有水份。

6. 可重複上述動作。

7. 若有水滴落碗或盤外，要用抹布擦乾。

8. 操作完畢，將所有器材放置盤中，收好。

【觀察重點】

1. 幼兒是否能正確抓捏海棉？

2. 幼兒是否能將水擠乾？

3. 碗、盤外是否會掉落許多水
　份？

【注意事項】

若幼兒動作不夠靈活，宜多加練習，切勿心急、責怪。若手勁不夠，可先用雙手擠壓。

活動名稱　　客　人　請　用

【活動目標】
1. 增進倒水能力
2. 加強手眼協調力
3. 促進手腕靈活度與
　手抓握力

【適用年齡】3歲以上
【環境準備】
1. 茶壺一只
2. 茶水半壺
3. 茶杯數個（大小均可）
4. 茶盤一個
5. 抹布一條

【活動方式】
1. 水杯倒水：（只用兩只相同大小茶杯）
　先將一只茶杯裝 8 分滿的水，慢慢地將茶杯的水倒到空杯內（可來回操作）。
2. 茶壺倒水：（茶壺＋大杯子一、二只）
　先將水壺裝滿水，請幼兒執壺，將水倒入大茶杯中。
3. 茶壺倒茶：（茶壺＋小茶杯數只）
　將茶壺裝8分滿茶，將茶水分批倒入各小茶杯中。

【觀察重點】
1. 是否能穩定執壺？
2. 水是否會倒出杯外？

【注意事項】
以年齡能力，按步驟1、2、3之動作練習。

三、增進穿脫衣物能力遊戲

　　自己能穿脫衣物是生活的重要能力表現，可是穿脫衣物需要許多能力的結合運用，包括基本的穿脫動作外，還需要能使用拉鍊、扣、脫扣子等，在此就這幾個基本動作設計了下列活動：

　　1.拉拉鍊──芝麻開門

　　2.穿脫衣──我會穿衣

　　3.扣鈕扣──青蛙的鈕扣

【活動名稱　　芝　麻　開　門】

【活動目標】　　　　　　　　【適用年齡】3~5 歲
1. 增進使用拉鍊的能力　　　【環境準備】有拉鍊的衣服或拉鍊
2. 加強手眼協調能力　　　　　　　　　　衣飾框

【活動方式】

1. 跟幼兒說明：「我們來玩芝麻開門的遊戲。」示範拉關拉鍊的動作，並特別對扣上動作做分解練習。

2. 引導者只要說：「芝麻開門」，幼兒就要把拉鍊拉開；說：「芝麻關門」，就要把拉鍊拉起來。

3. 可以兩個幼兒一組，一個發令一個做。做完兩次後，換角色。也可以個人自己操作。

【觀察重點】　　　　　　　　【注意事項】

觀察幼兒是否能對準拉頭，拉　　提醒幼兒若拉鍊被夾住拉不開
上拉鍊。　　　　　　　　　　時，不要硬拉開。

活動名稱	我　會　穿　衣

【活動目標】

　1. 練習穿脫衣服的基本動作

　2. 增進穿脫衣的技巧

【適用年齡】2~6歲

【環境準備】易穿脫衣物數件（視幼兒能力，要求準備合宜衣物）

【活動方式】

1. 我會脫背心：（1歲半~3歲）

　　先幫忙幼兒穿上小背心，請幼兒雙手交叉各拉住背心一角，雙手往上提，再由另一隻手拉出背心（見圖示）。

2. 我會穿背心：（1歲半~3歲）

　　學會脫小背心後，再練習穿小背心。①一手拉住背心的衣領位置；②將頭套入衣領口；③一隻手伸出袖口；④另一隻手再從另一邊袖口伸出。

3. 選美大會：

　　找出家中不穿的衣物（各種類型），讓孩子自己打扮，穿脫各種
　　類型衣物，再來玩選美遊戲，既達到穿脫衣練習目的，也增添不
　　少家庭樂趣。

【觀察重點】

1. 觀察幼兒是否有反穿、錯扣
　　釦子的現象。
2. 觀察幼兒穿脫衣的動作是否
　　順暢。

【注意事項】

　　如果發現幼兒尚未具某一種穿脫
衣服能力，應多提供手眼協調動
作練習，增進其手眼協調能力。

活動名稱　　青蛙的鈕扣

【活動目標】　　　　　　　　【適用年齡】2～6歲
 1. 增進扣鈕扣的能力　　　　【環境準備】有鈕扣的衣服或玩具
 2. 加強手眼協調能力　　　　　　　　　（各式鈕扣）

【活動方式】
 1. 講個有關鈕扣的故事，引起幼兒對鈕扣的好奇。
 2. 先穿上有鈕扣的衣服或引導幼兒把玩鈕扣玩具。
 3. 示範解開鈕扣的分解動作。
 4. 鼓勵孩子練習扣／解鈕扣。
 5. 在幼稚園裏，或家中有不同齡幼兒可玩扣鈕扣比賽遊戲，以提升
    幼兒的興趣。

【觀察重點】　　　　　　　　【注意事項】
 1. 觀察幼兒解開鈕扣的動作姿　　扣子大小與種類的選擇宜配合幼
    勢是否正確。　　　　　　　　兒年齡、發展能力。
 2. 觀察幼兒解開或扣上釦子的
    速度。

四、保持自身整潔能力遊戲

　　生活自理能力，除了吃、穿外，保持自身的整潔能力也是重要的一環，如每天早上起床、睡覺前必做的刷牙、漱口動作，洗臉、洗澡，也是我們一天中必須靠自己完成的事情，教會孩子處理好自身的整潔工作，父母親就可以感受到重擔卸下了一大半，在此設計的活動就是針對此目的的：

　　1.洗手──我會洗洗手

　　2.漱口──口水龍

　　3.刷牙──我會刷刷牙

　　4.洗臉──洗個乾淨的臉

　　5.洗澡──澎澎樂

活動名稱　　我 會 洗 洗 手

【活動目標】　　　　　　　【適用年齡】2歲以上

1. 學會正確洗手方法　　　　【環境準備】無

2. 養成清潔習慣

【活動方式】

1. 先和孩子討論洗手的好處與不洗手可能產生的後果。

2. 討論何時需要洗手？

 (1)飯前　　　　　　(4)大小便後

 (2)剪指甲後　　　　(5)外出回家時

 (3)工作、遊戲後　　(6)接觸病人後

3. 提出洗手時可能會發生的問題，互相討論。如：洗手時如果把水開得很大，會發生什麼事？……可能會把衣服濺溼……；洗手時，如果身體太貼近洗手檯，又會發生什麼事？……

4. 示範正確洗手方法：

 (1)先在水龍頭下或用水瓢，　　(2)擦上肥皂。

  盛水沖洗。

(3)把肥皂沖乾淨，然後放回肥
　　皂盒內。

(4)兩手心互相摩擦。

(5)兩手揉搓自手掌至手指。

(6)用力互搓兩手，包括手掌
　　及手背。

(7)作拉手姿勢擦洗指尖。

(8)在水龍頭下將洗出的黑污
　　肥皂沫充分沖洗乾淨。

(9)用（自己的）乾淨毛巾擦乾。

　5.讓幼兒親自操作，媽媽在一旁督導。

【觀察重點】

　1.注意幼兒是否能用心洗手，
　　而不是只在玩水。
　2.檢查洗完手後，手上是否還
　　有污垢或殘餘肥皂。

【注意事項】

　1.可先圍上防水圍兜再練習，以
　　免把身體打溼。
　2.肥皂可用不穿或已破的絲襪剪
　　一塊套住，掛起來，幼兒比較
　　不會一直在玩肥皂。

【洗手的效果】

1.用水盆洗手：
　約有百分之三
　十六的細菌仍
　在手上。

2.用沖洗的方法
　洗手：約有百
　分之十二的細
　菌仍在手上。

3.用沖洗，再用肥
　皂洗，然後再沖
　洗：所有的細菌
　都會洗淨。

活動名稱	口　水　龍

【活動目標】

1. 增進漱口的能力

2. 養成清潔的習慣

【適用年齡】 2～4歲

【環境準備】 1. 漱口杯

2. 開水

3. 圍兜（或換洗衣物）

【活動方法】

1. 在教導孩子漱口之前，最好多讓孩子玩玩口香糖遊戲（本章前面已述及），奠定口腔肌肉運用能力。

2. 確定孩子是否會用吸管吸水？用吸管吹氣？若還不會請先多練習。

3. 準備煮過的開水，圍上圍兜，（或準備可隨時換洗的衣物），讓幼兒假想自己是口水龍。

4. 請幼兒含口水在口中，讓水在口中「咕嚕咕嚕」清洗口腔，假裝是口水龍噴水前的動作。

5. 請幼兒把水吐出（假想是口水龍噴水）。

【觀察重點】

1. 幼兒是否水一入口，就吞下去？是否能含住水？
2. 吐水動作時是否會把衣物打溼？是否能正確吐在指定盆內？

【注意事項】

若幼兒尚未能含住水，或用吸管吹水或吸管吹氣前，請先不要進行此活動。

活動名稱　我 會 刷 刷 牙

【活動目標】
1. 增進刷牙能力
2. 促進手眼協調能力

【適用年齡】 2歲以上（能漱口後）

【環境準備】
1. 盥洗台
2. 兒童牙刷
3. 兒童用牙膏
4. 漱口杯
5. 毛巾

【活動方法】
1. 選一首刷牙兒歌（唸或唱）讓孩子先對刷牙感到興趣。
2. 當孩子對刷牙感興趣，並已學會漱口後，就可以考慮教孩子刷牙了！
3. 若家中有人做假牙，或看牙醫時，可向牙醫要齒模，利用齒模教導刷牙的步驟。（見下頁圖）
4. 讓幼兒試著按照方法刷洗牙齒。
5. 刷好後，漱口，洗牙杯，再用毛巾擦擦嘴，晾好毛巾才算完成。

【觀察重點】
1. 觀察幼兒是否按照正確刷牙方法、步驟刷牙。
2. 檢查幼兒牙齒是否還有殘餘齒垢。

【注意事項】
1. 養成刷牙習慣前，最好從小就養成吃完東西漱口的習慣（若還不

會漱口，就養成吃完東西喝水習慣）。

2. 媽媽在孩子未學會刷牙前，應固定時間幫孩子潔牙。

3. 最好在飯後立即刷牙，因為吃完東西 30 分鐘內細菌所分泌的酸質達到最高量，如果不能及時將口中的食物殘渣完全清除，即可能導致蛀牙及牙周病。

‧正確的刷牙方式

為了達到徹底潔牙的目的，有許多刷牙方法，但大部分牙醫會建議您下列的刷牙方法。

巴氏法配合旋轉法
（Bass Method & Rolling Method）

1. 牙刷刷毛與牙齒成45°角接觸，將刷毛尖端插入牙齦與牙齒交接處，並反覆做震動刷動5～10次（切勿讓刷毛離開牙齦溝）

2. 接著在原位刷動，上牙由上往下呈半旋轉幅度往外側刷動約5次（下牙則由下往上呈半旋轉幅度往外側刷動約5次）。

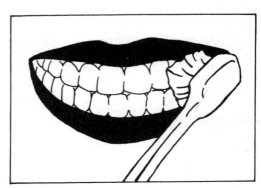 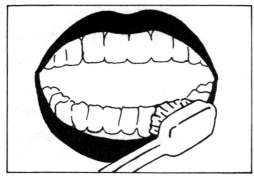

3. 每次只刷洗二～三顆牙齒，直到牙齒內面、外側都清潔為止。

4. 牙齒咬合面，則把刷毛垂直放入咬合面的凹溝來回反覆或畫圓刷動，約五、六次。

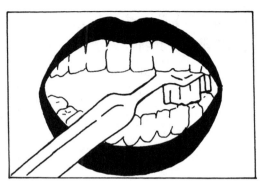

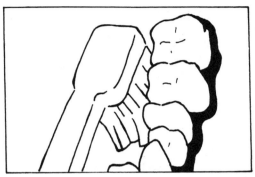

刷牙時，所有部位……牙齒內側及外側、咬合面，每一顆牙齒毫不遺漏地刷乾淨，至少要慢慢刷上三分鐘，直到完全乾淨為止。

── 刷牙小秘訣 ──

1. 每日睡覺前、起床後、飯後、吃甜食後要刷牙。

2. 每人應有自己的牙刷和漱口杯。

3. 牙刷要毛稀成束、軟硬適度、大小合口（大人以雙行六束，小孩以雙行五束為宜）。

4. 刷牙的方法：

　①由上向下刷上牙外面。

　②由下向上刷下牙外面。

　③由上向下刷上牙內面。

　④由下向上刷下牙內面。

　⑤由內向外刷上下牙之咀嚼面。

活動名稱	洗個乾淨的臉

【活動目標】

1. 增進自己洗臉的能力
2. 養成自己洗臉的習慣

【適用年齡】 3~6歲

【環境準備】 1. 洗臉盆　2. 鏡子

3. 兒童用毛巾

4. 抹布或海棉（吸溢出來的水份）

【活動方法】

1. 拿面鏡子，讓孩子照照看髒髒的臉，看起來如何？
2. 示範毛巾搓揉與擰乾的方法。

搓揉

毛巾擰乾步驟

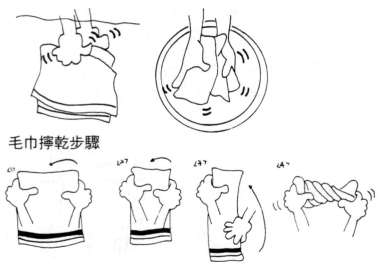

3. 按下列洗臉的步驟，示範一次。
4. 請幼兒按照洗臉步驟自行練習幾次。

5. 搓淨毛巾，擰乾晾掛起來。

【觀察重點】

1. 觀察幼兒是否能將毛巾擰乾。
2. 觀察幼兒是否每個部位都擦
   乾淨，如：耳後、鼻下是否
   擦了。

【注意事項】

在教孩子洗臉之前，應先教孩子
學會擰毛巾。

───── 洗臉的步驟 ─────

1. 用水龍頭的洗法：

①先將手洗淨；②兩手擦上肥皂然後抹臉；③再用手捧水洗臉；④
然後用乾毛巾擦乾。

2. 用臉盆的洗法：

①臉盆盛水；②搓揉毛巾；③擰乾毛巾；④可再重複一次

• 注意事項 •

1. 要使用自己的毛巾。

2. 臉盆使用前後應用肥皂洗淨（最好每人一份，分開使用）。

3. 公共毛巾一定要煮沸或蒸氣消毒，使用時最好不擦眼睛和嘴唇。

活動名稱	澎　澎　樂

【活動目標】

　1. 奠定自己洗澡的基本
　　　能力

　2. 保持身體的整潔習慣

【適用年齡】1〜6歲

【環境準備】
　1. 浴盆
　2. 肥皂或沐浴乳
　3. 洗臉用毛巾
　4. 擦澡用毛巾
　5. 乾淨的換洗衣物

【活動方法】

　1. 幫孩子洗澡時，一邊洗一邊唱有關洗澡的兒歌，幫助幼兒記住洗
　　　澡的程序。例：「洗洗臉，沖沖水，抹肥皂，前搓搓，後揉揉，
　　　左邊搓，右邊搓，上面搓，下面搓，沖個水，真乾淨」。

　2. 熟悉如何洗澡後，接著可在一旁督導，只在需要時才伸出援手，
　　　如：協助擦背、洗腋窩等較難自己清洗的部位。

　3. 等觀察幼兒已會自己獨立洗澡不必成人協助時，再慢慢退出讓其
　　　獨立洗澡。

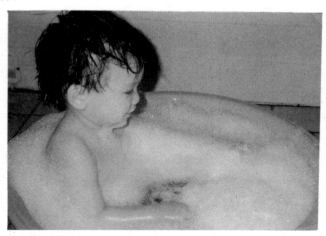

【觀察重點】

1. 觀察其是否將身體各部位清洗乾淨。
2. 觀察其是否會擦背部、沖淨背部。

【注意事項】

1. 讓孩子獨立洗澡前，應先教會如何洗臉，這樣才能真正讓孩子自己洗澡。
2. 即使孩子已學會獨立洗澡，剛開始至少每隔一週幫他大清洗一次，以後再延至一個月，最後才真正放手。
3. 讓孩子獨立洗澡時，請不要讓孩子自己鎖上門，以防發生意外。

第十二章

嬰幼兒玩具／教具的收納與整理

很多父母常頭痛孩子不愛惜玩具，家中的玩具經常支離破碎，或者是缺片、破損，丟了怪可惜的，不丟又不能用。如果有玩具修理站能修補玩具多好。另外，玩具收拾也是個大問題，除了不知道如何帶動寶貝收拾外，玩具的收納也是相當大的麻煩。更令人為之氣結的是花了大把錢買的玩具，孩子竟然看都不看一眼，而要爭廚房的鍋碗瓢盆。這些問題真教人不知如何是好？這就是本章要談的重點。

一、嬰幼兒玩具／教具的歸類

歸納整理玩具／教具的方式很多，要考慮個人的使用習慣、空間大小、使用人數、年齡……等，再決定要如何歸類。

1. 以個人使用區分

此分類方式在人數少的小家庭可以規劃出屬於孩子個人的使用空間，人多的家庭或托兒所則可給孩子一個櫥櫃，至少是一兩個抽屜櫃，讓孩子從小養成物的所有權概念。除了從整體環境考量，做初步規劃後，其實孩子擁有了自己的空間、櫥櫃，仍需再做進一步的歸納整理，這時就需要配合材質分類、功能分類方式做細部歸納整理。

2. 以年齡別區分

除了大家庭型態或雙生以上家庭需要特別用年齡別區分外，一般家庭以個人使用區分法，就有年齡別區分的功能。所以年齡別區分法以家庭托兒、托兒所、幼稚園較為需要。所謂年齡別區分，就是以年

齡區分玩具種類，如零至一歲玩具、一至二歲玩具、二至三歲玩具……等將玩具分類放置。此分類法與個人使用區分法一樣，可再配合材質分類、功能分類方式做細部歸納整理。

3. 以材質區分

嬰幼兒玩具的材質大致可分：塑膠類、木材類、紙製類、布製類、電子類……等。以材質區分的優點是清理或修補較為方便。如塑膠類可以浸水直接清洗，木材類則以擦拭較宜。紙製類缺損可以自製，布製類則需縫補。

4. 以功能區分

若以功能區分嬰幼兒玩具大致可分：咬合性玩具、操作性玩具、建構性玩具、創作性玩具、扮演性玩具、益智性玩具、遊樂性玩具、安撫性玩具……等，通常幼稚園若採用興趣選角方式布置遊戲環境，較常以此方式分類，如將益智類玩具放在益智角，將操作性玩具放在操作角，將創作性玩具放在創作角，安撫性絨布玩具／扮演性玩具放娃娃家。若家中考慮採用分出不同功能區域，也可以考慮採此方法。

5. 以大小形式區分

為了外表看起來整潔，有時也會以大小形式區分玩具，不過使用此法收藏玩具，通常要搭配其他的分類方式一起使用，否則光依大小線索，很難找到所需要的東西。

6. 以使用頻率區分

玩具分類若以使用頻率區分，擺設方式就以高使用頻率的玩具放

在較顯眼易收拾的地方，較少使用的玩具，可以放置在較不易取得的地方。有時為了提高玩具的使用率，增加玩玩具的專心度，讓孩子覺得有新鮮感，也可以把一些玩具收起來，過一陣子再拿出來。這時候就不一定依照上述使用頻率的擺置原則。

二、教導嬰幼兒收拾玩具的方法

㈠教導嬰幼兒收拾玩具的原則

當嬰幼兒正專心玩遊戲時，千萬不要突然要求其收玩具。因為沒有預警的要求，嬰幼兒易起反抗心理，除非你打算與他大戰一場，結果不是他不情不願地被迫收拾，就是你被打敗了。前者的結果留下的是不愉快的收拾經驗，後者則是建立一個「收拾玩具的命令也是可以不必理會的」行為模式。所以教導嬰幼兒收拾玩具要有一些法則，才能取得雙贏的局面。

1. 提供一個適合幼兒能力的分類環境

小嬰兒缺乏分類能力，只要要求他把不玩的放進固定的籃、架上即可，大一點的孩子可以要求按成人規劃的環境分類方式，進行收拾工作。

2. 讓收拾變成一件好玩的遊戲

嬰幼兒沒有收拾的觀念，為使嬰幼兒養成主動自願收拾的習慣，最好讓孩子對收拾留下一個美好的經驗，讓他覺得收拾是件好玩有趣的事，而願意嘗試。下頁提供了幾種協助孩子收拾玩具的遊戲，供作參考。

3. 養成固定收拾的好習慣

先從固定簡單的日常生活事件要求，如喝完水會記得收好杯子；離開座位要把椅子放回原位，讓幼兒習慣每件東西都有一定的位置。

4. 事前的提醒與約定

在玩玩具前先提醒不玩時要收好，或約定何時就該收玩具。在提醒其等一下要收玩具時，不要忘記告訴他收好玩具要做什麼，以加強其收拾動機。

5. 做到了別忘了給予鼓勵

鼓勵不一定需要獎賞，一個口頭讚許、擁抱、感謝，都是很好的增強物。如果孩子已養成收拾習慣，不要以為那是理所當然應該會的，不定時的鼓勵，才能使習慣維持的長久。

㈡教導嬰幼兒收拾玩具的活動設計

活動名稱	送玩具回家

【活動目標】

　1. 養成收拾的習慣

　2. 學習物歸原處

【適合年齡】1歲以上

【環境準備】無

【活動方式】

　1. 在與孩子約好該收玩具的時間，就要提醒他：「玩具累了，要回家休息！」「我們來送玩具回家吧！」

　2. 如果寶寶仍不肯鬆手，可再提醒：「我們說好的，玩具只陪你玩到長針指到××，如果你不準時送它回家，下次它就不陪你玩了！」另外，可再增強寶寶收拾的動機，「等一下收好玩具，我有一個很特別的東西給你看（找一件他會有興趣的物或事）。」

　3. 陪寶寶把玩具送回原位，給他一點鼓勵，「好棒哦！玩具一定很謝謝你送它回家。」或「寶寶已經長大了，會送玩具回家耶！」

【觀察重點】

1. 到了約定收玩具時間，寶寶
   是否有耍賴現象？
2. 經過提醒後，寶寶是否願意
   收拾？
3. 經過一段時間，寶寶是否養
   成主動收拾習慣？

【注意事項】

1. 注意不要用責罵方式要孩子收
   拾，使孩子對收拾的感受是不
   好的經驗。
2. 事前的約定、提醒很重要，堅
   持原則更重要，千萬不要因個
   人情緒，改變對收拾的要求（
   如心情好時，不收也沒關係，
   心情不好時，則嚴厲指責）。

活動名稱	投 籃 遊 戲

【活動目標】

1. 養成收拾的習慣
2. 促進配對分類概念
3. 增進手眼協調能力

【適合年齡】 1～3 歲

【環境準備】 箱子或盒子數個
（依個人收拾分類
習慣而定）

【活動方式】

1. 對較年幼的孩子而言，收拾玩具不是件容易的事，除了需要有意願外，配對分類與手眼協調能力都會影響到玩具收拾的好壞。
2. 為引起年幼孩子對收拾的興趣，並配合其能力，在玩具收拾時間到時，可準備幾個籃子，告訴孩子我們要來玩投籃遊戲。
3. 請孩子依顏色、形狀或先放一個樣品在籃內，請孩子把那類玩具投到籃中。
4. 可參與孩子的活動，和孩子一起投擲，活動結束，玩具也收拾好了，既輕鬆又愉快。

【觀察重點】

1. 幼兒是否能正確將玩具放回籃中。
2. 玩具時間到了，一提到「我們要投籃了」，他是否很快有反應。

【注意事項】

此收拾法，要收拾的玩具必須經得起摔碰投擲，如：塑膠積木、操作玩具……等。

活動名稱	我是玩具管理員

【活動目標】
1. 養成收拾玩具的好習慣
2. 增進玩具分類概念

【適合年齡】 3～6 歲
【環境準備】 提供分門別類收拾玩具的環境

【活動方式】
1. 大一點的孩子已有基本的分類概念與收拾習慣，可採玩具分類排放管理的方式。
2. 請幼兒當玩具管理員，負責管理所有的玩具，在園所人多時，可輪流選派，在家中可請大一點的孩子擔任。
3. 玩具管理員的職責就是玩具收拾時間到時，要負責送玩具回家或督導所有的玩具都已回到自己的家（若人手多可分工時，可分派角色）。
4. 管理員工作盡責時，可以有一些小鼓勵。

【觀察重點】
1. 幼兒是否能依規劃好的收拾情境收拾玩具？
2. 觀察玩具擺放是否整齊。
3. 是否已養成主動收拾習慣？

【注意事項】
儘可能以鼓勵、遊戲方式代替規定、責怪。

三、嬰幼兒玩具／教具的收納

1. 玩具櫃式

　　一般托兒所、幼稚園、收托人數稍多的家庭托兒或空間較大的家庭，通常會採用玩具櫃式收納玩具／教具。玩具櫃式收納可分開架式與封閉式，也有兩者並用式。一般開架部分顯示可以自由取放，應選取適合孩子目前發展能力的玩具，且應分類或標示格放，讓嬰幼兒有能力自行取放；封閉式意味著此處是禁區，除非得到父母或師長的許可，否則不能隨意亂動。通常會收放較為貴重的物品，必須小心取放的物品，較少使用的玩具或暫時不用的玩具。有時為維持嬰幼兒的學習慾望，也會收起部分玩具，過一陣子再拿出來，以保持對玩具的新鮮感。

2. 玩具箱式（下圖左）

　　一兩歲的孩子還缺乏整理分類的能力，玩具箱式的收納較適合其發展能力。平時玩好玩具只要把玩具送回玩具箱，就可以達到收拾玩具的要求。有些玩具箱的設計是蓋好蓋子還可以當小朋友的座椅，對空間狹隘的家庭布置是個不錯的選擇。

3. 抽屜櫃式（上圖右）

　　抽屜櫃收藏方式外表看起來很整潔，對一些大小不一、不易擺整齊的玩具，是個不錯的收藏選擇方式。另外抽屜櫃也有各種尺寸，而且可以依玩具的大小、功能選擇適合形式的抽屜收藏櫃。由於抽屜櫃從外表不易見到玩具，較不易引起幼兒主動把玩的動機，可以在抽屜外表上貼上玩具的照片或圖案，或放置需成人指導、親子共玩的玩具。

4. 組合式

幼稚園裡或有些家庭可能不單選一種收藏方式，或許會依其需求將幾種收藏方式，視園方、家庭的需求自行組合。組合式的收藏需考慮整體規劃設計的美感，不要因方便而隨意組合，讓玩具櫃看起來突兀，破壞整體的美觀。

四、嬰幼兒玩具／教具清理

1. 塑膠類玩具／教具的清理

塑膠類玩具／教具的清理可以直接將玩具放入水中，泡肥皂水，用刷子輕刷，再用水沖乾淨。此法最簡便，可以經常使用，又可以達到清潔效果。如果不是很髒，也可以只用清水沖洗，或用乾淨的布擦拭即可。

2. 填充類玩具／教具的清理

填充類玩具／教具如果接縫處牢靠，不會退染色，可以考慮直接放進洗衣機內沖洗攪拌，再脫乾水晾曬即可。否則就需要拆下部分縫合處，把裏面的填充物取出，採乾洗或直接清洗方式。

3. 木製類玩具／教具的清理

清理木製類玩具／教具一般只要用濕布擦拭即可，若過髒才需要用肥皂水清洗。由於木材遇水易膨脹，長久處於濕潮狀態，容易發黴、腐蝕，所以用水清洗後要儘快擦乾、曬乾。

4. 金屬類玩具／教具的清理

金屬類玩具／教具的清理和木製類玩具／教具大同小異，但金屬類玩具不易發黴、腐蝕，但要考慮可能生鏽、產生銅綠……等，那就

除擦拭之外，另需要刷鏽、擦掉銅綠，塗上保護層。

五、嬰幼兒玩具/教具的修補與整理

1. 直接修補

有些玩具只要簡單的修補就可以重新使用，如：貼上膠帶、黏上膠、縫上鈕扣、接縫處縫合……等，採直接修補的方式處理，就可以恢復原貌，展現功能。

2. 重配零件

零件雖小，卻能使整組玩具失去原有功能。如果能找到零件配置，就可賦予玩具一個新生命。若找不到原裝組件，利用現有物的巧妙利用也能做配裝。如找不到原拼圖版，可以自己利用厚紙板畫圖拼裝，雖然可能不如原版好看，但總算不用丟棄，成為垃圾。

3. 拼裝組合

組件破壞或遺失較多的玩具，可以考慮幾個類似功能玩具拼裝組合利用。如操作積木、樂高玩具、拼組玩具……等，特別是幼稚園裡可能同型玩具有數組，與其每組都支離破碎，不如湊合成幾組完整組好好利用。

4. 重組創新

未能成組的玩具，若前幾項修補方法都無法解決問題，不如蒐集起來，考慮來個重組創新，或許可以創造出新的玩具造型，來個舊衣新穿。

5. 拆裝成遊戲材料

如果玩具已破損嚴重，上述方法均難補救，也不要馬上送到垃圾堆，最後一招是再檢視一下此玩具是否還有完整的零件可供使用，鼓勵孩子動手拆，一方面可以觀察玩具的內部構造，一方面達到環保減量垃圾功能，還可以得到玩具組件當重配零件、拼裝組合、重組創新的資源。

國家圖書館出版品預行編目資料

嬰幼兒遊戲與教具／張翠娥、吳文鶯著；
--初版.--臺北市：心理, 1997（民 86）
面；　公分.--（幼兒教育系列；51011）

ISBN　978-957-702-220-2（平裝）

1.兒童遊戲　　2.教具

523.13　　　　　　　　　　　86003308

幼兒教育系列 51011

嬰幼兒遊戲與教具

作　　　者：張翠娥、吳文鶯
執行編輯：陳文玲
總　編　輯：林敬堯
發　行　人：洪有義
出　版　者：心理出版社股份有限公司
地　　　址：231 新北市新店區光明街 288 號 7 樓
電　　　話：(02) 29150566
傳　　　真：(02) 29152928
郵撥帳號：19293172　心理出版社股份有限公司
網　　　址：http://www.psy.com.tw
電子信箱：psychoco@ms15.hinet.net
駐美代表：Lisa Wu（lisawu99@optonline.net）
印　刷　者：紘基印刷有限公司
初版一刷：1997 年 5 月
初版十刷：2018 年 1 月
I S B N：978-957-702-220-2
定　　　價：新台幣 280 元